dtv
premium

HELMUT FUCHS
ANDREAS HUBER

Die 16 Lebensmotive

Was uns wirklich antreibt

Deutscher Taschenbuch Verlag

Originalausgabe
Mai 2002
2. Auflage September 2002
© Deutscher Taschenbuch Verlag GmbH & Co. KG, München
www.dtv.de
Das Werk ist urheberrechtlich geschützt.
Sämtliche, auch auszugsweise Verwertungen bleiben vorbehalten.
Umschlagkonzept: Balk & Brumshagen
Umschlaggrafik: Roland Pavic
Satz: KCS GmbH, Buchholz/Hamburg
Gesetzt aus der Neuen Helvetica und der Minion
Druck und Bindung: Kösel, Kempten
Gedruckt auf säurefreiem, chlorfrei gebleichtem Papier
Printed in Germany · ISBN 3-423-24319-8

INHALT

VORWORT:
ERKENNE DICH SELBST!

*Wenn das Leben keine Vision hat, nach
der man strebt, nach der man sich sehnt,
die man verwirklichen möchte, dann gibt es
auch kein Motiv sich anzustrengen.*

ERICH FROMM

»Gnothi seauton« – »Erkenne dich selbst!«, stand über dem Apollo-Tempel von Delphi als einem der bedeutendsten Orte der Antike. Die Bedeutung und Kraft dieser Botschaft hat die Jahrhunderte und Jahrtausende überdauert: Sonst hätten wir dieses Buch nicht geschrieben, und Sie würden sich nicht dafür interessieren.

»Werde, der du bist!«, forderte Nietzsche ebenso tiefgründig wie offensichtlich widersprüchlich: Denn wie kann man werden, was man bereits ist?

Dieses Buch über die 16 Lebensmotive wird dazu beitragen, diese Fragen zu beantworten. Zwar werden sie nicht philosophisch abgehandelt – doch wir hoffen sehr, dem Leser einige wichtige, sehr lebenspraktische Zusammenhänge und Hintergründe verständlich zu machen.

Im Mittelpunkt steht ein neues psychologisches Modell: die Theorie der 16 Lebensmotive und des Reiss-Profils (RP) als Motiv- und Persönlichkeitstest des US-Psychologen Steven Reiss.

Wer bin ich? Die Lebensmotive geben ein kluge Antwort – und die Anwendung des Reiss-Profils weist viele praktische Wege: dem interessierten Laien auf der Suche nach seriöser Lebenshilfe ebenso wie der Paar- oder Familienberatung, der Organisations- und Personalentwicklung, der Schulpsychologie oder der klinischen Diagnostik.

Da es nichts Praktischeres gibt als eine gute Theorie, haben wir bei der Darstellung immer auf Alltagstauglichkeit geachtet. In einigen einfachen Übungen können und sollen Sie sich mit den Lebensmotiven vertraut machen: mit Ihren eigenen ebenso wie mit denjenigen wichtiger Menschen in Ihrem Leben – Partner, Freunde, (Geschäfts-)Kollegen.

Nutzen Sie Die 16 Lebensmotive daher nicht nur als kurzweilige, inspirierende Lektüre, sondern auch als Arbeitsbuch: Fördern und vertiefen Sie Ihre Selbsterkenntnis ebenso wie Ihre Menschenkenntnis.

Lesetechnisch sei angemerkt, dass der eilige Leser die Anmerkungen übergehen kann, wenn er sich auf das Wesentliche beschränken möchte – sie enthalten neben meist vertiefenden fachlichen Hinweisen zur Forschung oder Literatur einige anekdotische Darstellungen, aber auch Lesenswertes über die verschiedenen Hintergründe. Dies gilt auch für das Kapitel über die Motivationspsychologie (S. 15–42). Wer sich nur für das Reiss-Profil und die Lebensmotive interessiert, kann diese Ausführungen übergehen.

An der Grundlage ändert dies nichts: Obwohl motivationspsychologische Fragen eine Rolle spielen, geht es in erster Linie um die Persönlichkeit. Genauer: um Glück und den Sinn des Lebens. Ihres Lebens! Wenn man vom Reiss-Profil und dem Denk- und Handlungsmodell der 16 Lebensmotive den richtigen Gebrauch macht, ist es auch ein für Laien im besten Sinne nutzbares psychologisches Werkzeug – vielleicht sogar ein mächtiger Glücksbringer.

EINFÜHRUNG:
WAS TREIBT UNS AN?

Wünsche sind Vorgefühle der Fähigkeiten,
die in uns liegen, Vorboten desjenigen,
was wir zu leisten imstande sein werden.

JOHANN WOLFGANG VON GOETHE

Was ist Ihnen wirklich wichtig? Was macht Sie glücklich? Was ist der Sinn Ihres Lebens: Erfolg, Reichtum, Karriere, Familie oder Sexualität?[1]

Sollte man extrem schüchternen Zeitgenossen helfen, sich »normal« zu verhalten? Was ist mit uninteressierten, scheinbar motivationsschwachen Schülern? Und brauchen beispielsweise Workaholics nicht professionelle Hilfe, um von ihrer »Sucht« loszukommen?

Im Gegensatz zu vielen Klischees und Vorurteilen sind solche und andere Verhaltensweisen für den Motivationsforscher Steven Reiss kaum problematisch: Diese Menschen sind mit ihrem Leben genauso glücklich oder unglücklich wie alle anderen, so der Psychologieprofessor von der Ohio-Universität, nur ist ihre Persönlichkeits- und Motivationsstruktur ein wenig anders.

Wie Reiss in jahrelangen Untersuchungen herausfand, bestimmen nicht nur ein oder zwei Motive unser Leben, sondern 16 Bedürfnisse und Werte – die Lebensmotive. Dabei sind wir einzigartig: Wie einen individuellen Fingerabdruck hat jeder Mensch ein unverwechselbares Motiv-Profil. Wer es genauer kennen lernt, kann wertvolle Einblicke in seine Persönlichkeit gewinnen – was ihn im Innersten bewegt und antreibt. Und diese Erkenntnis trägt auch dazu bei, mit sich und anderen zufriedener zu leben und vor allem toleranter zu werden.

Wer bin ich eigentlich, und was macht mich in meinem Leben letztlich glücklich? In einer Lebenskrise musste der Psychologe Mitte der 90er Jahre überrascht feststellen, wie wenig die eigene Wissenschaft über die Frage »Wer bin ich?« wirklich wusste. Diesem Thema widmete Steven Reiss fortan seine ganze professionelle Schaffenskraft.

Nach vielen Studien und Untersuchungen mit über 7 000 Frauen und Männern in den USA, Kanada und Japan kristallisierte sich heraus, was im Mittelpunkt der neuen Persönlichkeits- und Motivationstheorie steht: Allen menschlichen Verhaltensweisen liegen 16 Motive zugrunde – Macht, Unabhängigkeit, Neugier, Anerkennung, Ordnung, Sparen, Ehre, Idealismus, Beziehungen, Familie, Status, Rache, Eros, Essen, körperliche Aktivität und Ruhe. Diese Motive, Wünsche und Werte bestimmen unser Leben: Sie sind der Stoff, aus dem wir gemacht sind, und die Art und Weise, wie wir diese Lebensmotive gestalten und erleben, verleiht unserer Existenz Sinn und Bedeutung. Für Reiss sind mindestens 14, vermutlich aber 15 der 16 Bedürfnisse genetisch bedingt, da man ähnliche Motivatoren auch bei Tieren beobachten kann und sie eine evolutionäre Bedeutung haben. Nur das moralische Motiv Idealismus hat bisher unklare Anteile.

Die Bedeutung der Gene muss man allerdings stark relativieren: Das, was wir wollen, scheint uns zwar mit auf den Weg gegeben zu sein, doch wie wir diese Bedürfnisse, Interessen, Bestrebungen und Werte befriedigen, ist eine sehr komplexe Angelegenheit aus vielfältigen kulturellen und gesellschaftlichen Einflüssen sowie individuellen Erfahrungen.

Besonderen Wert legt Reiss auf die individuellen Grundlagen: So wie kein Lebensmotiv von zwei Menschen identisch erfahren oder gestaltet wird, geht es – im Gegensatz zu vielen anderen Motivationskonzepten – auch letztlich weniger darum, ob alle Menschen diese 16 Lebensgründe teilen, sondern wie sehr sie sich darin *unterscheiden*.

Wie Reiss' Forschung zeigt, hat jeder Mensch ein charakteristisches Bedürfnis-, Werte- und Interessensprofil. Wir sind viel individueller und einzigartiger, als Psychologen bisher meinten: »Was Menschen so einzigartig macht«, betont der Persönlichkeitsforscher, »ist die jeweilige Kombination dieser Bedürfnisse und was sie für den Einzelnen bedeuten.« **Auf S. 113ff. können Sie Ihr eigenes Motiv-Profil erstellen.**

Das neue Motiv- und Persönlichkeitskonzept unterscheidet sich fundamental von bisherigen Modellen der Motivationspsychologie, da es menschliches Handeln nicht auf einige wenige vermeintlich »absolute« Motive oder Triebe reduziert – wie beispielsweise hedonistisches Glücksstreben oder biologischer Überlebenswille, die Libido Freuds, der Machttrieb Adlers oder die »Selbstverwirklichung« Maslows.

Vor allem ist das Streben nach Glück keine Motivation, wie viele Psychologen bislang glaubten. Vielmehr sind Spaß und Glück Nebenprodukte, die »anfallen«, wenn wir erreichen, was wir wirklich wollen – sie sind aber nie selbst das Ziel.

Reiss' Forschung hat enorme praktische Konsequenzen: für das individuelle Lebensglück ebenso wie für Erziehung, Familie und Partnerschaft oder den beruflichen Erfolg.

Vor ihrem Hintergrund muss man beispielsweise das Bildungswesen kritisieren, weil es von der Prämisse ausgeht, alle Kinder seien in gleichem Maße neugierig und hätten von Natur aus ein ähnliches Lernpotenzial. Die Befunde zeigen aber deutlich, dass sich Kinder und Erwachsene sehr wohl darin unterscheiden, wie viel Spaß sie an Neuem empfinden: »Es ist völlig in Ordnung, nicht neugierig zu sein«, betont der Psychologe. »Ein Kind kann sehr intelligent sein, ohne sich für die Schule zu interessieren.« Da aber die Vorstellung, ein Mensch habe keine Freude am Lernen und werde sie nie entwickeln, weitgehend tabuisiert ist, machen Lehrer und Eltern mit ihren »Umerziehungsprogrammen« einen großen Fehler. Solange das Kind gewisse Standards erfüllt und nicht scheitert, sollten Eltern ihre Erwartungen korrigieren, da sie sonst nur eines erreichen: auf lange Sicht die Beziehung zu ihrem Kind zu ruinieren.

Ähnliches gilt für alle Motive und Verhaltensweisen. So ist vielen die Vorstellung völlig fremd, dass beispielsweise Workaholics glücklich sind mit dem, was sie tun: Viele arbeiten nicht deswegen so viel, weil sie eine innere Leere ausfüllen wollen oder vor irgendwelchen Lebensproblemen flüchten, sondern weil sie ihrem ausgeprägten Interesse an Macht, Leistung oder Status folgen. »Nichts zu tun, erschöpft mich«, beschrieb beispielsweise Picasso dieses Lebensgefühl, »wenn ich arbeite, entspanne ich mich.«

Die individuellen Antriebs- und Werteprofile beeinflussen auch unsere Beziehungen. So wie wir uns intuitiv zu Menschen hingezogen fühlen, die ähnliche Werte haben, so können wir letztlich nur in solchen Freundschaften oder Partnerschaften glücklich werden, in denen die deutlich ausgeprägten Lebensmotive und -ziele übereinstimmen. Umgekehrt bedeutet dies: Wir erschweren uns das Leben gewaltig, wenn wir wegen sehr unterschiedlicher Motive und Interessen ständig miteinander in Konflikt geraten.

Vor allem die motivorientierte Selbstbezogenheit – Reiss spricht von »Self-Hugging« – vergiftet das Miteinander: Wir verstehen im Alltag oft nicht, dass andere Menschen andere Motive, Interessen, Wünsche und Werte haben als wir. Vom Intellekt her wissen wir zwar, dass sie andere Ziele verfolgen, aber im Grunde genommen begreifen wir nicht wirklich, wie es sein kann, dass sie nicht genau so denken wie wir.

Ihre Individualität trennt die Menschen gewissermaßen wie eine Mauer. Wann immer zwei Menschen einem Wert sehr unterschiedliche Prioritäten zuordnen, können sie kaum verstehen, warum der andere anders denkt, fühlt und handelt. Je mehr man aber in solchen Eigenperspektiven gefangen ist, desto größer wird die Gefahr, eigene Motive – »Was für mich gut ist, ist auch gut für andere« – auf Partner, Freunde oder Kollegen zu projizieren. So entstehen viele Missverständnisse und Konflikte.

Unterschiedliche Motive und Motivationsprofile können vor allem eine Partnerschaft belasten. Während am Anfang einer Beziehung gerade das Andere am Partner attraktiv erscheint – Gegensätze ziehen sich an –, wird das »Gleich und Gleich gesellt sich gern« im Lauf der Partnerschaft aber immer wichtiger. Wie Reiss fand, sind die Motiv-Profile von Partnern in dauerhaften Beziehungen sehr viel ähnlicher als diejenigen von geschiedenen Paaren. Er hält es daher für sinnvoll, die »Verträglichkeit« von existenziell wichtigen Werte und Motiven mit dem Partnertest zu klären. **Auf S. 151f. können Sie Ihr motiv- und wertebezogenes Partner-Profil erstellen.**

Das Motiv-Profil eines Menschen ist stabil. Wenn auch einschneidende Lebenserfahrungen oder Entwicklungsprozesse zu grundlegenden Veränderungen unseres Wesens führen können, charakterisiert es unsere Persönlichkeit im Allgemeinen dauerhaft: So werden neugierige Kinder auch als Jugendliche und Erwachsene offen und interessiert durchs Leben gehen. Heranwachsende, die gerne planen und organisieren, werden dies auch als Erwachsene tun. Und Menschen mit einer ausgeprägten Lust am Essen werden sich wohl lebenslang mit ihrem Gewicht plagen.

Trotz aller Individualität zeigt das Reiss-Profil viele gruppen-, schicht- oder geschlechtsspezifische Muster. Frauen formulieren beispielsweise deutlich mehr Ruhebedürfnisse und reagieren stress- oder angstsensibler, während männliches Verhalten stärker von den Motiven Eros und Rache bestimmt wird. Überraschenderweise ist das Familienmotiv bei beiden Geschlechtern etwa gleich stark ausgeprägt.

Religiöse und nichtreligiöse Menschen unterscheiden sich besonders in ihrem Streben nach Unabhängigkeit. »Im Gegensatz zu Menschen, die frei und unabhängig sein wollen, fühlen sich Gläubige besser, wenn sie stärker auf die Unterstützung und Hilfe anderer zählen können – einschließlich Gott«, interpretiert Reiss seine Befunde. Bei Gläubigen sind zudem das Motiv Ehre und der Wunsch nach einem Familienleben ausgeprägter, während Rache oder Eros keine große Rolle spielen.

Das neue Motivations- und Persönlichkeitsmodell von Steven Reiss wurde von namhaften amerikanischen Psychologen als bahnbrechend beurteilt. Das Konzept soll nun an mehreren amerikanischen Universitäten weiter untersucht und praktisch erprobt werden. Wie erste Studien zeigen, scheint es besonders im klinisch-therapeutischen Bereich, der betrieblichen Personalentwicklung und dem Marketing neue Wege zu öffnen.

Im Folgenden werden wir uns mit den Hintergründen der Lebensmotive genauer beschäftigen – besonders mit den praktischen Hilfen des Reiss-Profils für die individuelle Lebensführung. »Erkenne dich selbst« bedeutet vor dem Hintergrund des Reiss-Profils: Erst wenn wir uns vergewissert haben, was uns im Leben wirklich wertvoll ist und was uns »antreibt«, verstehen wir, wer wir sind und was der Sinn unseres Lebens ist.

Um die Bedeutung und den Stellenwert des neuen Konzepts der Reissschen Lebensmotive besser verstehen und einordnen zu können, sollte man sich zunächst einen Überblick über die bisherige Motivationspsychologie verschaffen. Eilige, nur an den Lebensmotiven und dem Motiv-Profil interessierte Leser können dieses Kapitel überspringen.

MOTIVATION:
TRIEB, WILLE ODER UMWELT

Drücken, wenn sie schieben –
schieben, wenn sie drücken.

JOHANN WOLFGANG VON GOETHE: FAUST

*A*uch wenn wir im Alltag wie selbstverständlich von Motiviert-
sein sprechen und dabei meinen, genau zu wissen, worum es
geht: Die für solche Fragen zuständige Motivationspsychologie
ist ein ebenso weites wie schwieriges Feld.

Generell kann man die vielen Konzepte darin unterscheiden,
ob sie Motivation eher als *Zug* oder als *Druck* verstehen: Während wir beim »Zug« von einem situativ-äußerlichen Anreiz an-
gezogen werden, treibt es uns beim »Druck« von innen her auf
etwas zu. Nach der berühmten Formel des Sozial- und Motivationspsychologen Kurt Lewin – Verhalten ist eine Funktion von
Person *und* Umwelt: $V = f(P,U)$ – versuchen auch viele Ansätze,
beide Pole zu integrieren.

Hier finden Sie nun einen einführenden Überblick, wie die Psychologie diesen Motiv-Garten bestellt hat.

Definition: Was ist ein Motiv?

Motivation kommt vom lateinischen Wort »movere« – »eine Bewegung auslösen«. In der Forschung nach diesen »Beweggründen« menschlichen Verhaltens unterscheiden Motivationspsychologen vor allem zwischen Motiv, Motivation und dem Einfluss der Situation:

Motive sind überdauernde persönliche Dispositionen, die das Verhalten als »Wertungsneigung« bestimmen. Motive können bewusst oder unbewusst sein, sie beziehen sich immer auf bestimmte Handlungsziele – umgangssprachlich sprechen wir auch von Antrieb, Drang, Ehrgeiz, Neigung, Sehnsucht, Streben, Wollen.

Motivation ist der psychologische Begriff für alle zielgerichteten Prozesse, die durch ein aktualisiertes oder »geladenes« Motiv ausgelöst werden.

Während ein Motiv in der jeweiligen Person liegt, ist Motivation von der jeweiligen **Situation** abhängig, die als Anreiz oder »Motivanreger« wirkt: Situationen lösen in Wechselwirkung mit den personenspezifischen Motiven Prozesse der Motivation aus.

Motivationspsychologen unterscheiden zudem zwischen

– *allgemeiner Motivation* als dem charakteristischen Energie- oder Antriebsüberschuss des Menschen (»Der Mensch will immer etwas«, könnte man in Anlehnung an ein berühmtes psychologisches Axiom formulieren, »auch wenn er nichts will.«[2] und
– *spezifischer Motivation*, die Psychologen erforschen als Neugier, Anschluss-, Hilfe(leistungs)-, Aggressions-, Macht- und besonders als Leistungsmotivation, der am besten erforschten Teildisziplin der gesamten Motivationspsychologie.[3]

Von Freud bis Maslow:
Motivationspsychologische Ansätze,
Konzepte und Modelle

Historisch kann man sehr verschiedene Entwicklungslinien der Motivationsforschung unterscheiden: Evolutions-, Trieb- und Instinkttheorien ebenso wie Eigenschafts-, Persönlichkeits-, Feld- oder Lerntheorien – um nur einige zu nennen. Hier ein Überblick über die einflussreichsten Ansätze.

Sigmund Freud

In der Psychoanalyse Sigmund Freuds wird der Mensch ausschließlich von der Libido motiviert. Egal, was wir tun: Letztlich liegen unserem Handeln immer sexuelle Motive zugrunde, und zwar meist unbewusst. Diese Beweggründe des Es werden jedoch durch das Zusammenspiel der Psycho-Instanzen Ich und Über-Ich verdrängt, weil wir sie nur unter bedrohlichen, gefährlichen Angst- und Schuldgefühlen erleben könnten.

Erik Erikson

Nach der psychoanalytisch orientierten Entwicklungstheorie von Erik Erikson sind wir motiviert, von Stufe I bis VIII zu reifen.

Erikson unterscheidet in seinem »epigenetischen Modell« acht aufeinander folgende, problematische Phasen oder Stufen, die der Mensch in seiner lebenslangen Entwicklung zu einer reifen Persönlichkeit bewältigen muss:

I.	Urvertrauen	Misstrauen
II.	Autonomie	Scham
III.	Initiative	Schuldgefühl
IV.	Leistung	Minderwertigkeitsgefühl
V.	Identität	Rollenkonfusion
VI.	Intimität	Isolierung
VII.	»Zeugend«	Stagnation
VIII.	Ich-Integrität	Verzweiflung

Während sich die ersten vier emotionalen Entwicklungsphasen auf die Zeit der frühesten Kindheit (Phase I: Entwicklung von Urvertrauen) bis zur Pubertät (Phase IV: Entwicklung von Selbstwertgefühl) erstrecken, beziehen sich Phase V (Entwicklung von Ich-Stärke und Selbstbewusstsein) auf die Adoleszenz, Phase VI (Entwicklung von Hingabe und Liebesfähigkeit) auf das frühe Erwachsenenalter, Phase VII auf das Erwachsenenalter und die letzte Phase auf die »(Un)Reife des Alters«[4].

C. G. Jung und Alfred Adler

C. G. Jung ging davon aus, dass der Lebenswille als fundamentale psychische Kraft die Individuation als menschlichen Lebensweg motiviert, während Alfred Adler im Streben nach Macht, Einfluss und Herrschaft das grundlegende Lebensmotiv des Menschen erkannte.

William James und William McDougall

William James, einer der bedeutendsten Gründerväter der Psychologie, und der Sozialpsychologe William McDougall glaubten, dass Verhalten von weitreichenden instinktiven Tendenzen oder Kräften motiviert wird. Dazu präsentierte James beispielsweise die folgende Instinktliste:

Sparen: Antrieb, zu horten und zu sammeln
Schaffen, *Konstruieren*: Antrieb, zu bauen und etwas zu erreichen
Wissbegierde: Antrieb, zu erforschen und zu lernen
»*Exhibition*«: Antrieb nach Aufmerksamkeit
Familie: Antrieb, Kinder großzuziehen
Jagen: Antrieb, Nahrungsmittel zu finden
Ordnung: Antrieb nach Sauberkeit und Organisation
Spiel: Antrieb nach Spaß
Sex: Antrieb nach Fortpflanzung, Reproduktion
Scham: Antrieb, nicht ausgegrenzt zu werden
Schmerz: Antrieb, das Gefühl der Ablehnung zu vermeiden
Herde: Antrieb nach sozialem Kontakt
Rache: Antrieb nach Aggression

Diese Liste wurde vor allem von William McDougall und später von Henry Murray erweitert – Murray etwa präsentierte u. a. folgende Motive: Flucht, Abwehr, Neugier, Selbsterhaltung (Sexualität), Leidvermeidung, Fürsorglichkeit, Selbstgerechtigkeit, Selbstdarstellung, Unterwerfung (Selbsterniedrigung), Ordnung, Zurückweisung, Erniedrigung, soziale Zugehörigkeit (Herdeninstinkt), Unabhängigkeit, Machtausübung, Spiel, Hilfesuche, Erwerben, Wissen, Zurückbehalten, Leistung, Aggression, Widerstandsfähigkeit, Verstehen, Aufbauen und Organisieren, Geltung usw.

Einen rein zahlenmäßigen Höhepunkt erreichten diese Motivlisten mit William McDougall, der schließlich rund 10 000 (!) Instinkte ausmachte.[5]

Carl Rogers

Im Bereich der so genannten Humanistischen Psychologie postulierte Carl Rogers, dass der Mensch von zwei Motivkräften angetrieben wird: dem Streben nach Selbst-Akzeptanz und dem, was er »Selbst-Aktualisierung« nannte: das psychische Bedürfnis zu wachsen.

Rogers argumentierte sehr werteorientiert: Für ihn lag der Schlüssel zum Glück darin, dass der Mensch in Übereinstimmung mit seinen Werten lebe. Wenn er dies nicht tue, so seine Botschaft, verliere er den Respekt vor sich selbst, höre auf zu wachsen und werde unglücklich.

Abraham Maslow

Einen ähnlichen, aber weit einflussreicheren Ansatz zur menschlichen Motivation formulierte schließlich Abraham Maslow in Form der so genannten »Bedürfnishierarchie«.

Die fünf Stufen bedeuten:

1. *Physiologische Bedürfnisse:* Befriedigung organisch-biologisch grundlegender Notwendigkeiten wie Essen, Trinken, Kleidung und Wohnung.
2. *Sicherheitsbedürfnis:* Vermeidung physiologischer Mangelzustände – also Schutz vor Krankheit, Unfall, Heimatlosigkeit, Hunger etc.
3. *Liebes- oder soziale Bedürfnisse:* Streben nach Gemeinschaft und Zusammengehörigkeit, nach Aufbau sozialer Beziehungen.
4. *Selbstachtungs-/Wertschätzungsbedürfnisse:* Streben nach Selbstvertrauen, Anerkennung und Achtung anderer, der Wille und das Bedürfnis, nützlich und notwendig zu sein.

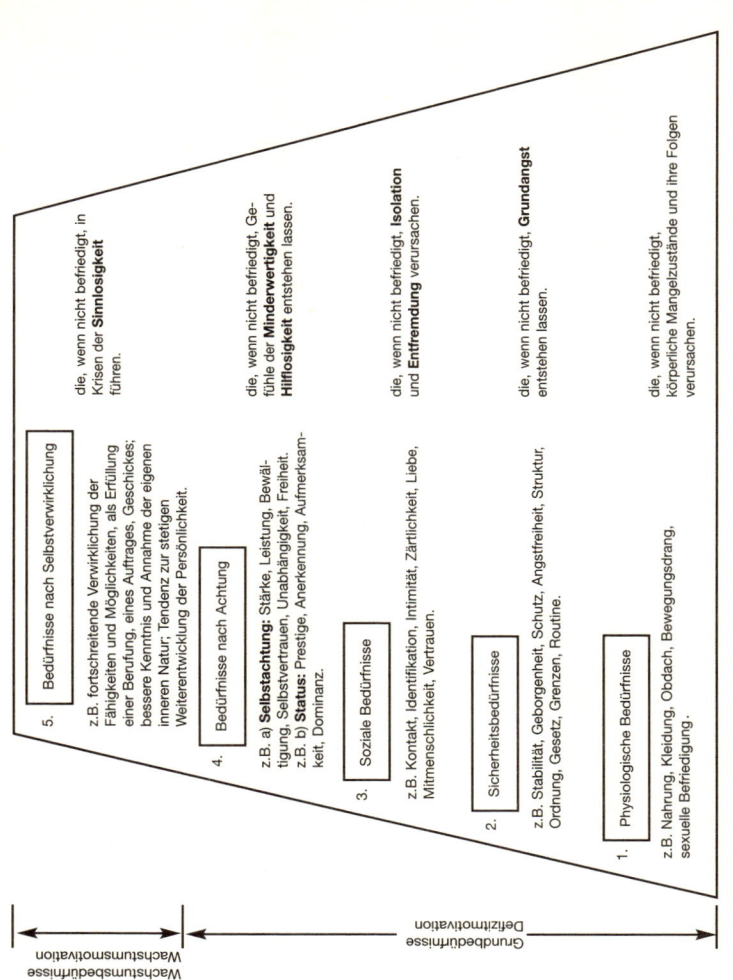

Abb. 1: Bedürfnispyramide nach Maslow

5. Bedürfnisse nach Selbstverwirklichung

z.B. fortschreitende Verwirklichung der Fähigkeiten und Möglichkeiten, als Erfüllung einer Berufung, eines Auftrages, Geschickes; bessere Kenntnis und Annahme der eigenen inneren Natur; Tendenz zur stetigen Weiterentwicklung der Persönlichkeit.

die, wenn nicht befriedigt, in Krisen der **Sinnlosigkeit** führen.

4. Bedürfnisse nach Achtung

z.B. a) **Selbstachtung:** Stärke, Leistung, Bewältigung, Selbstvertrauen, Unabhängigkeit, Freiheit.
z.B. b) **Status:** Prestige, Anerkennung, Aufmerksamkeit, Dominanz.

die, wenn nicht befriedigt, Gefühle der **Minderwertigkeit** und **Hilflosigkeit** entstehen lassen.

3. Soziale Bedürfnisse

z.B. Kontakt, Identifikation, Intimität, Zärtlichkeit, Liebe, Mitmenschlichkeit, Vertrauen.

die, wenn nicht befriedigt, **Isolation** und **Entfremdung** verursachen.

2. Sicherheitsbedürfnisse

z.B. Stabilität, Geborgenheit, Schutz, Angstfreiheit, Struktur, Ordnung, Gesetz, Grenzen, Routine.

die, wenn nicht befriedigt, **Grundangst** entstehen lassen.

1. Physiologische Bedürfnisse

z.B. Nahrung, Kleidung, Obdach, Bewegungsdrang, sexuelle Befriedigung.

die, wenn nicht befriedigt, körperliche Mangelzustände und ihre Folgen verursachen.

Wachstumsbedürfnisse
Wachstumsmotivation

Grundbedürfnisse
Defizitmotivation

5. *Selbstverwirklichungsbedürfnisse:* Streben nach Selbstverwirklichung und völliger Entfaltung der eigenen Persönlichkeit.

Im Gegensatz zu den überbordenden Motivlisten McDougallscher Prägung integrierte Maslow verschiedene, auch instinktiv-biologische Motive in übergeordnete Kategorien. Dabei differenzierte er zwischen Mangel- oder Defizitmotiven, den so genannten D-Motiven, und den Seins- oder Wachstumsmotiven als S-Motive. Während die Motivklassen 1 bis 4 als D-Motive gelten, sind die hohen S-Motive der Stufe 5 vorbehalten – der Ebene, auf der für Maslow alle Potenziale unserer Individualität voll entwickelt werden: Ganzheit, Vollkommenheit, Kreativität, Wahrheit, Schönheit etc. »Ein Mensch«, so Maslow, »muss das werden, was er werden kann.« Ein Musiker beispielsweise muss Musik machen, ein Maler malen, ein Dichter schreiben.

Maslow formulierte zwei theoretische Prämissen:

1. Die Motive sind hierarchisch, ihre Bedeutung nimmt nach oben hin zu. Maslow ordnete die Bedürfnisse in der Pyramide nach ihrer Dringlichkeit: Bevor der Mensch nach Selbstverwirklichung streben kann, muss er die grundlegenden und physiologischen Bedürfnisse, die Sicherheitsbedürfnisse, die Bedürfnisse nach Zugehörigkeit und Liebe sowie nach Achtung befriedigen.
2. Der Mensch strebt nach Selbstverwirklichung, indem er »von unten her« immer höhere Ziele verfolgt.

Maslows Motivhierarchie beinhaltet zudem einen wichtigen entwicklungspsychologischen Ansatz: Erst mit dem Älterwerden kann man sich selbst verwirklichen – junge Menschen müssen (lange) persönlich wachsen, bis sie ihr gesamtes Glückspotenzial ausschöpfen können.

Die Lerntheoretiker

Auf der Seite derer, die Motivation eher als »Zug« verstehen, ignorierten besonders die unterschiedlichen Lerntheoretiker »innere Motive« als »Privatsache« völlig und lösten stattdessen alles menschliche Verhalten in äußere Reiz-Reaktions-Ketten auf – nur dies sei wissenschaftlich und objektiv, hatte Gründervater B. F. Skinner dogmatisch gelehrt.

Moderne Motivationsforschung:
Der »Rubikon« und die
Leistungsmotivation

Ähnlich »zugorientiert« wie die Lerntheoretiker forschten auch andere empirische Motivationspsychologen, wie die folgenden vier Modelle demonstrieren. Sie sind die eigentlichen »Juwelen« der akademisch-empirisch forschenden Motivationspsychologie: das Erweiterte Kognitive Motivationsmodell, das Rubikon-Modell, das Risikowahl-Modell und das Selbstbewertungs-Modell.

Das Erweiterte Kognitive Motivationsmodell

In diesem allgemeinen handlungstheoretischen Modell fassten Heinz Heckhausen und Falko Rheinberg Ende der 80er Jahre die

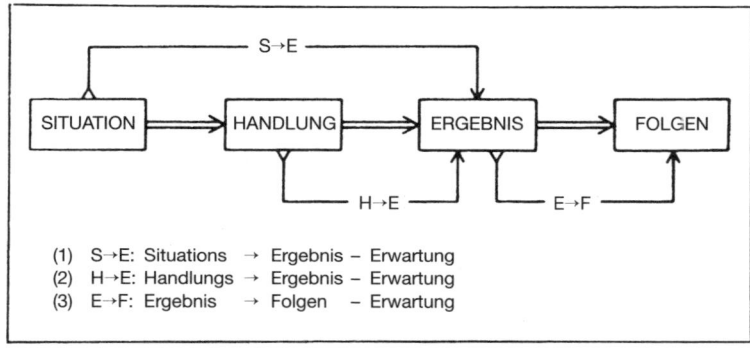

(1) S→E: Situations → Ergebnis – Erwartung
(2) H→E: Handlungs → Ergebnis – Erwartung
(3) E→F: Ergebnis → Folgen – Erwartung

Abb. 2: Das Erweiterte Kognitive Motivationsmodell
S-E-Erwartung: Situations-Ergebniserwartung
H-E-Erwartung: Handlungs-Ergebniserwartung
S-H-Erwartung: Situations-Handlungserwartung
E-F-Erwartung: Ergebnis-Folgenerwartung

wesentlichen Aspekte der Motivationsforschung – Situation, Handlung, Ergebnis, Folgen – zusammen. Die Motivationpsychologen unterstellen dem motivierten Verhalten eine strenge rationale Struktur: Alles Handeln wird von Anreizen oder Erwartungen bestimmt. Damit man motiviert handelt, müssen alle vier Teilstrukturen – S-E, H-E, S-H, E-F – »aktiviert« sein oder werden. So müsste sich beispielsweise ein Gymnasiast, der sich für die nächste Klassenarbeit motiviert, vier Fragen stellen – und alle vier nach folgendem Muster positiv beantworten:

1. Situations-Ergebniserwartung (S-E):

Ist das Handlungsergebnis aufgrund der Situation abhängig von meinem Einsatz? (»Für den Lehrer steht eh schon fest, wie er mich benotet.«) → *Ja, weiter zu Frage 2 (Nein:* »*Tue nichts!*«)

2. Handlungs-Ergebniserwartung(H-E):

Ist das das gewünschte Ergebnis überhaupt zu schaffen?(»Kann ich die notwendige Zwei erreichen?«) → *Ja, weiter zu Frage 3 (Nein:* »*Tue nichts!*«)

3. Situations-Handlungserwartung (S-H):

Kann man die Situation selbst ändern, um das Ziel zu erreichen? (»Für eine Zwei müsste ich ja wochenlang lernen.«) → *Ja, weiter zu Frage 4 (Nein:* »*Tue nichts!*«)

zu. Abb. 2:
aus: Falko Rheinberg: Motivation. Stuttgart, 3. überarb. u. erw. Aufl. 2000, S. 131.

4. Ergebnis-Folgenerwartung (E-F):

Ist das Ergebnis überhaupt sinnvoll? (»Eine Zwei in der Arbeit bringt mir doch nur eine Drei im Zeugnis, was an meinem Schnitt auch nicht viel ändert.«) → *Ja: Fang an! (Nein: »Lass es bleiben!«)*

Das Rubikon-Modell

An diesem Erweiterten Kognitiven Handlungsmodell wurde jedoch kritisiert, dass Menschen Widerstände während motivierter Handlungen *willentlich* überwinden müssen, auch wenn sie von den Anreizen und Erwartungen ihres Tuns noch so überzeugt sind.»Willensprozesse« waren in diesem Modell allerdings nicht vorgesehen. Um diese Kritik zu entkräften, formulierte Heckhausen das übergreifende, allgemein gültige »Rubikon-Modell der allgemeinen Handlungsphasen«.

Auf das »Gymnasiasten-Beispiel« übertragen: Auch wenn der Schüler noch so von seinen Fähigkeiten überzeugt ist, die für einen Dreier im Zeugnis notwendige Zwei zu schaffen, und ent-

Handlungspsychologische Phasen-Abfolge

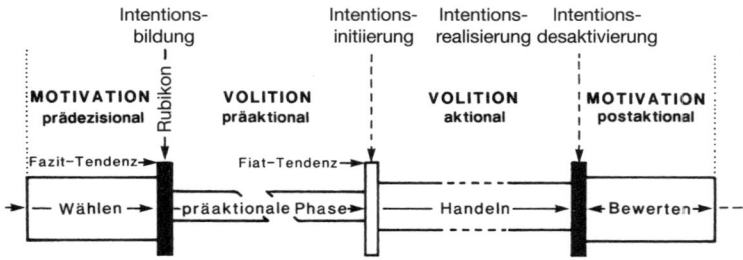

Schematische Darstellung der vier Handlungsphasen des Rubikon-Modells

Abb. 3: Das Rubikon-Modell der Handlungsphasen

sprechend motiviert ist, kann während des Lernens allerhand passieren. Seine Freundin kommt vorbei, im Fernsehen läuft sein Lieblingsfilm, das Wetter ist prima, weshalb es ihn eher nach draußen zieht, usw. – alles Dinge, die motivational einen viel höheren Stellenwert als eine Drei im Zeugnis haben.

Um solche motivationspsychologisch lange unbeachteten Willensprozesse integrieren zu können, unterscheidet Heckhausen im Rubikon-Modell vier deutlich voneinander abgegrenzte Handlungsphasen: Die erste und letzte sind motivationale, die beiden mittleren willensgestütze (»volitionale«) Phasen.

1. Die anfängliche »prädezisionale« Motivationsphase (vor der Entscheidung) charakterisiert Heckhausen als Phase des Wünschens und Wägens: Da man nicht alle erlebten Wünsche realisieren kann oder mag, muss man genau abwägen, welche Wünsche überhaupt wichtig sind. Dies geschieht hinsichtlich der Erwartung (Realisierbarkeit: Sind Zeit, Mittel etc. vorhanden?) und dem Wert (Wünschbarkeit: Sind Folgen, Kosten und Mühen lohnenswert?). Da man nie alle Zusammenhänge überschauen kann, sorgt die »Fazit-Tendenz« für eine Entscheidung. Sie beugt endlosen Abwägungen vor, indem sie etwas ab einem bestimmten Punkt als realisierbar und wünschenswert definiert: An diesem »Rubikon« gibt es für den Handelnden kein Zurück mehr. (Mit dem Begriff »Rubikon-Modell« formulierte Heckhausen in bewusster Anlehnung an Julius Caesars historisches Überschreiten des Rubikons im Jahre 49 v. Chr. einen der berühmtesten Begriffe der Motivationspsychologie.)

2. In der zweiten »präaktionalen« Phase (vor der Handlung) werden nun für die Zielerreichung wichtige und genaue Vorsätze bestimmt: wie lange, wo, wann etc. gehandelt werden soll. Da es – ähnlich dem Abwägen – lange dauern kann, die »richtigen« Durchführungsvorsätze zu bilden, entscheidet die »Fiat-Tendenz«, wann Vorsätze verbindlich sind.

3. An dieser Stelle beginnt mit der dritten »aktionalen« Phase die eigentliche Handlung: Nun will man sein Ziel »wirklich« erreichen. Wie sehr man sich dabei anstrengt, hängt direkt vom jeweiligen Willen ab. Je größer die Volition, desto größer die Energie, mit der man sein Ziel verfolgt. Diese Phase endet mit der Zielerreichung.

4. In der abschließenden »postaktionalen« oder Nachhandlungsphase wird das eigene Tun bewertet und werden Konsequenzen für zukünftige Vorhaben ermittelt.

Die motivationalen Phasen 1 und 4 sind *realitätsorientiert* – die »Willensphasen« 2 und 3 *realisierungsorientiert*.

Diese vier äußerlichen Handlungsphasen werden von unterschiedlichen internen Bewusstseinslagen begleitet – der Art und Weise, wie man Informationen aufnimmt und sein Handeln reflektiert.[6]

Das Risikowahl- und das Selbstbewertungs-Modell

Diese beiden Modelle entstammen der Leistungsmotivation, der bei weitem besterforschten Teildisziplin der gesamten Motivationspsychologie.

Leistungsmotivation beruht auf der »Auseinandersetzung mit einem Gütemaßstab«, wie die historische Definition von McClelland lautet. Leistungsmotiviert handelt man für Psychologen also nur, wenn die eigene Leistung oder Tüchtigkeit mit einem bestimmten Leistungsziel verglichen oder an ihm gemessen wird.

Im Mittelpunkt des Risikowahl- und des Selbstbewertungs-Modells der Leistungsmotivation steht die Frage, wie sich Menschen Ziele setzen und wie sie sich leistungsorientiertes Handeln erklären. In der jahrzehntelangen Forschung fand man folgende Grundlagen:

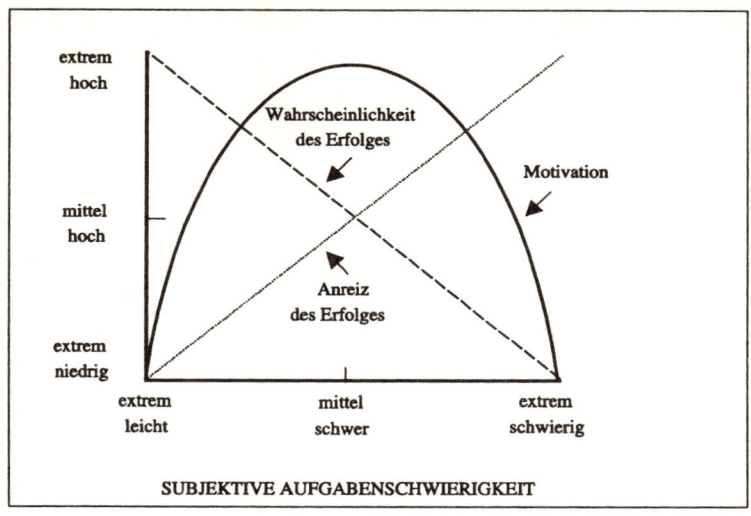

Abb. 4: Das Risikowahl-Modell aus: Falko Rheinberg: Motivation. Stuttgart, 3. überarb. u. erw. Aufl. 2000, S. 72.

1. Menschen motivieren sich in Leistungssituationen unterschiedlich: die »Erfolgszuversichtlichen« stärker durch Hoffnung auf Erfolg (HE), die »Misserfolgsvermeider« stärker aus Furcht vor Misserfolg (FM). Als Faustregel gilt dabei: je stärker die HE-Komponente, desto positiver die Leistungsmotivation eines Menschen. Psychologisch wichtig dabei ist, wie das Leistungshandeln den Selbstwert bestimmt: So beurteilen sich Misserfolgsvermeider im Vergleich zu Erfolgszuversichtlichen bei objektiv gleich starkem Misserfolg sehr viel negativer. Umgekehrt werden jeweils gleiche Erfolge von Erfolgszuversichtlichen deutlich positiver erfahren.

2. Menschen setzen sich Leistungsziele nach bestimmten Mustern, die mit dem Risikowahl-Modell (Abb. 4) dargestellt werden können.

Wie die empirische Forschung zeigt, bevorzugen Erfolgsmotivierte meist hohe, aber erreichbare Ziele und meiden unrealistische Ziele. Dagegen verfolgen Misserfolgsvermeider sehr leichte oder auch sehr schwere Vorhaben.

Dieses Verhalten wiederum basiert auf bestimmten Mustern, und zwar *wie* sich Menschen Erfolg und Misserfolg erklären. Diese so genannten Kausalattributionen beeinflussen die jeweilige Leistungsmotivation grundlegend.

Zeitstabilität	Verankerung der Ursache	
	in der Person (internal)	in der Umwelt (external)
stabil	Fähigkeit, Können	Aufgabenschwierigkeit
variabel	Anstrengung	Zufall (Glück/Pech)

Abb. 5: Leistungsmotivationale Kausalattributionen – wie man sich Erfolg und Misserfolg erklärt

Demnach resultieren die Ergebnisse unserer Handlungen entweder aus inneren Gründen – Fähigkeiten, Fertigkeiten, Anstrengung –, oder sie sind von äußeren Faktoren wie Aufgabenschwierigkeit oder Zufall abhängig.

Dieses Modell beschreibt den Typus des Pessimisten und des Optimisten motivationspsychologisch: Pessimisten erklären sich ihre Erfolge eher external – als Zufall –, Optimisten dagegen eher internal – als Können und Anstrengung.

Heckhausen hat die grundlegenden Erkenntnisse der Leistungsmotivation in dem Selbstbewertungs-Modell zusammengefasst.

In der folgenden Tabelle geht es im Kern um eine psychologisch äußerst wichtige Komponente: den Selbstwert oder, motivational formuliert, die Erfolgs-/Misserfolgsbilanz.

Komponenten	Motivausprägung	
	erfolgszuversichtlich	misserfolgsvermeidend
1. Zielsetzung/ Anspruchs- niveau	realistische, mittelschwere Aufgaben	unrealistisch, Aufgaben zu leicht oder zu schwer
2. Ursachenzuschrei- bung: > Erfolg	Anstrengung, eigene Tüchtigkeit	Glück, leichte Aufgabe
> Misserfolg	mangelnde Anstren- gung, Pech	mangelnde eigene Fähigkeit oder »Begabung«
3. Selbst- bewertung	Erfolgs-/Misserfolgs- bilanz positiv	Erfolgs-/Misserfolgsbilanz negativ

Abb. 6: Das Selbstbewertungs-Modell der Leistungsmotivation

Lebenspraktisch formuliert, bedeutet dies: Bei Erfolgszuversicht-lichen fällt die Erfolgs-/Misserfolgsbilanz – und damit der Selbst-wert – insgesamt positiv aus, weil sie sich realistische, eher mit-telschwere und damit erreichbare Ziele setzen. Haben sie Erfolg, führen sie dies auf das eigene Können zurück, Misserfolg dage-gen auf mangelnde Anstrengung, woraus sie Konsequenzen für die nächsten Vorhaben ziehen.

Bei Pessimisten oder Misserfolgsvermeidern sieht es bei der Er-folgs-/Misserfolgsbilanz dagegen bedeutend schlechter aus: Ihr Selbstwert bleibt eher im Keller, weil sie sich unangemessene, viel zu schwere oder viel zu leichte Aufgaben vorgenommen haben. Haben sie Erfolg, dann begründen sie ihn eher mit der »leichten Prüfung« oder mit »Glück«. Misserfolg dagegen erklären sie sich mit eigener Unfähigkeit. Da sie sich von mehr Anstrengung nichts versprechen, werden sie sich auch beim nächsten Mal nicht besser fühlen.

Bilanz:
Motivationspsychologie – zum Glück motiviert?

Was ist nun die Quintessenz dieses Streifzugs durch die Motivationspsychologie? Tragen die vorgestellten Modelle dazu bei, die Beweggründe menschlichen Handelns besser zu verstehen? Helfen sie uns gar, ein besseres Leben zu führen oder unser Lebensglück zu finden?

Sicherlich ist die Kenntnis der Erklärungsmuster wichtig – ebenso bedeutsam und richtig sind die Modelle Heckhausens. Die Frage ist nur: Wie treffend beschreiben sie die Gesamtheit menschlicher Verhaltensweisen?

Hier ein Resümee der jahrzehntelangen motivationspsychologischen Forschung aus der Perspektive eines Fachmanns: »Aus der Motivationsforschung erweist sich wenig als dauerhaft oder auch nur im Rückblick erträglich, und selten ist etwas Praktisches dabei herausgekommen.«

Auch wenn diese vernichtende Kritik des Psychologen Reinhard Sprenger polemisch erscheint, wird sie von renommierten Motivationspsychologen im Wesentlichen geteilt. So betonte der amerikanische Psychologe Bernard Weiner – neben dem Deutschen Heinz Heckhausen einer der wichtigsten und bekanntesten Motivationspsychologen überhaupt –, dass die motivationspsychologische Forschung einer Art »Gemischtwarenhandlung« gleiche, in der das meiste nur »historischen Wert« habe.

Die Vorbehalte und Kritiken an den wichtigsten tiefen-, aktivations- oder trieb- und kognitionspsychologischen Ansätzen kann man im Wesentlichen so zusammenfassen:

Freuds Libido als einziges Lebensmotiv ist in ihrer Verabsolutierung haltlos: Das Leben der Menschen wird nicht nur von sexualisierten oder erotischen Wünschen geprägt. Wie groß der zutreffende Teil aber wirklich ist, bleibt gerade bei Freud letztlich unbestimmbar, da seine spekulative Theorie in weiten Teilen empirisch nicht erforscht werden kann und verallgemeinerbare Aussagen unmöglich macht. Freuds Ansatz war ein wichtiger »erster Schritt«, so der Motivationsforscher Bernard Weiner, »hin zur Entwicklung einer Motivationstheorie – aber eben nur ein erster Schritt mit vielen Mängeln«.

Die unterschiedlichen Erklärungsansätze der *Behavioristen* sind insgesamt kritisch zu bewerten, weil besonders ihre Grundüberzeugung völlig unhaltbar ist, dass Menschen immer nur motiviert werden, um ihren »Trieb« oder ihr »Aktivationsniveau« zu reduzieren. In den meisten Fällen ist es eher so, dass sie nach einer Intensivierung von Stimulation und Reizen suchen. So wie »Mimi« nie »ohne Krimi ins Bett« geht, wird ein neugieriger, wissensdurstiger Mensch durch seine geliebte Lektüre motivational nicht ruhig gestellt. Im Gegenteil: Erst die erhöhte Anregung verschafft ihm das richtige Glück.

Weitere entscheidende Mängel sind unter anderem, dass in den Trieb- und Reiz-Reaktions-Ansätzen der Motivationspsychologie völlig ausgeblendet wird, dass Menschen denkende und reflektierende Wesen sind. Dass eine motivierte Handlung bewusst geplant, durchdacht und vorgestellt wird, ist für sie völlig unerklärlich.

Umgekehrt wird in den *kognitiven Ansätzen* der Motivationspsychologie – wie im dargestellten Erweiterten Kognitiven Modell – der Mensch als völlig *rationales* Wesen missverstanden, der letztlich immer wie ein Mathematiker seine Handlungen am wissenschaftlichen Reißbrett entwirft und seine Motive und Ziele völlig vernünftig entwickelt.

In anderen Worten: Die Ansätze sind größtenteils entweder überholt, untauglich oder von sehr begrenzter Reichweite.[7]

Insgesamt betrachtet, haben sich zwar die »Persönlichkeitspsychologen« Sigmund Freud, William James, Carl Gustav Jung und Abraham Maslow eingehend mit der Frage beschäftigt, wer wir sind und welche Motive unsere Persönlichkeit und unser Verhalten bestimmen. In der eigentlichen Motivationspsychologie dagegen ging es weniger um die Persönlichkeit, da man sich jahrzehntelang vor allem mit dem Leistungsmotiv beschäftigte: Was motiviert Menschen im Besonderen, erfolgs- und leistungsorientiert zu handeln? Und warum scheitern sie oder sind misserfolgsorientiert?

Steven Reiss selbst sieht die so genannten »instinktorientierten« Arbeiten William James' und William McDougalls als wichtige Ansätze. Auf dem richtigen Weg aber war für ihn vor allem Abraham Maslow. An Maslow schätzt er besonders, dass dieser – als einer der wenigen Psychologen – menschliches Leben unter motivationalen Vorzeichen verstand und sie für wichtiger hielt als Eigenschaften oder Kompetenzen.

Ebenso wie Maslow ist Reiss überzeugt, dass eine motivorientierte Perspektive einen überwiegenden Teil menschlichen Verhaltens erklären kann, allerdings definiert er die Motive anders als Maslow. Während Maslow beispielsweise das Streben nach Ordnung und das nach Sicherheit – oder Sparen – derselben Kategorie zuordnet, sind sie nach Reiss zwei eigenständige Lebensmotive. Auch erkennt die Lebensmotiv-Forschung die von Maslow postulierte Motivhierarchie nicht an: Für Reiss gibt es keine universelle, für alle Menschen verbindliche Motivhierarchie.

Vielmehr sind die Werte und Motive eines Menschen einzigartig: Das Reiss-Profil bestätigt, dass Menschen und ihre Verhaltensweisen sehr viel individueller sind, als Maslow und viele andere Motivations- und Persönlichkeitsforscher dachten.

Dieser wichtigste Unterschied resultiert daraus, dass Maslow im Gegensatz zu Reiss nicht wissenschaftlich-empirisch forschte, sondern von seiner persönlichen Erfahrung und den Biografien bedeutender Persönlichkeiten ausging. Dass sich die Theorie der

Lebensmotive und das Reiss-Profil bisher so gut bewährt haben, lässt sich mit der bisher wohl einzigartigen empirischen Basis dieser Forschung erklären.[8]

Bei der Frage, was den Menschen in seinem Leben wirklich um- und antreibt, kann keines der bisherigen motivationspsychologischen Konzepte eine tatsächlich substanzielle Antwort liefern: weder biologischer Überlebenswille noch die Libido Freuds, der Machttrieb Adlers oder die »Selbstverwirklichung« Maslows – ganz zu schweigen von den Lerntheoretikern, die den Menschen zur reinen Marionette äußerer Einflüsse verkommen lassen.

Warum überquerte das Huhn die Straße?[9]

Anhand der folgenden Aussagen können Sie selbst entscheiden, ob die Vielfalt der folgenden Handlungsbegründungen motivationspsychologisch korrekt rekonstruiert wurde. Motivationspsychologie fragt nur nach einem: dem Wozu …

ERZIEHERIN:

Um auf die andere Straßenseite zu kommen.

PLATON:

Für ein bedeutenderes Gut.

ARISTOTELES:

Es ist die Natur von Hühnern, Straßen zu überqueren.

KARL MARX:

Es war historisch unvermeidlich.

TIMOTHY LEARY:

Weil das der einzige Ausflug war, den das Establishment dem Huhn zugestehen wollte.

SADDAM HUSSEIN:

Dies war ein provozierender Akt der Rebellion, und wir hatten jedes Recht, fünfzig Tonnen Nervengas auf dieses Huhn zu feuern.

RONALD REAGAN:

Hab ich vergessen.

CAPTAIN JAMES T. KIRK:

Um dahin zu gehen, wo noch nie zuvor ein Huhn gewesen ist.

HIPPOKRATES:

Wegen eines Überschusses an Trägheit in seiner Bauchspeicheldrüse.

ANDERSEN CONSULTING:

Deregulierung auf der Straßenseite des Huhns bedrohte seine dominante Marktposition. Das Huhn sah sich signifikanten Herausforderungen gegenüber, die Kompetenzen zu entwickeln, die erforderlich sind, um in den neuen Wettbewerbsmärkten bestehen zu können. In einer partnerschaftlichen Zusammenarbeit mit dem Klienten hat Andersen Consulting dem Huhn geholfen, eine physische Distributionsstrategie und Umsetzungsprozesse zu überdenken. Unter Verwendung des Geflügel-Integrations-Modells (GIM) hat Andersen dem Huhn geholfen, seine Fähigkeiten, Methodologien, sein Wissen, Kapital und seine Erfahrung einzusetzen, um die Mitarbeiter, Prozesse und Technologien des Huhns für die Unterstützung seiner Gesamtstrategie innerhalb des Programm-Management-Rahmens auszurichten. Andersen Consulting zog ein diverses Cross-Spektrum von Straßen-Analysten und besten Hühnern sowie Andersen-Beratern mit breit gefächerten Erfahrungen in der Transportindustrie heran, die in zweitägigen Besprechungen ihr persönliches Wissenskapital sowohl stillschweigend als auch deutlich auf ein gemeinsames Niveau brachten und die Synergien herstellten, um das unbedingte Ziel zu erreichen, nämlich die Erarbeitung und Umsetzung eines unternehmensweiten Werterahmens innerhalb des mittleren Geflügelprozesses. Die Besprechungen fanden in einer parkähnlichen Umgebung statt, um eine wirkungsvolle Test-Atmosphäre zu erhalten, die auf Strategien basiert, auf die Industrie fokussiert ist und auf eine konsistente, klare und einzigartige Marktaussage hinausläuft.

Andersen Consulting hat dem Huhn geholfen, sich zu verändern, um erfolgreicher zu werden.

LOUIS FARRAKHAN:

Sehen Sie, die Straße repräsentiert den schwarzen Mann. Das Huhn »überquerte« den schwarzen Mann, um auf ihm herumzutrampeln und ihn niedrig zu halten.

MARTIN LUTHER KING, JR.:

Ich sehe eine Welt, in der alle Hühner frei sein werden, Straßen zu überqueren, ohne dass ihre Motive infrage gestellt werden.

MOSES:

Und Gott kam vom Himmel herunter, und Er sprach zu dem Huhn: »Du sollst die Straße überqueren.« Und das Huhn überquerte die Straße, und es gab großes Frohlocken.

FOX MULDER:

Sie haben das Huhn mit Ihren eigenen Augen die Straße überqueren sehen. Wie viele Hühner müssen noch die Straße überqueren, bevor Sie es glauben?

RICHARD M. NIXON:

Das Huhn hat die Straße nicht überquert. Ich wiederhole, das Huhn hat die Straße NICHT überquert.

MACCHIAVELLI:

Das Entscheidende ist, dass das Huhn die Straße überquert hat. Wer interessiert sich für den Grund? Die Überquerung der Straße rechtfertigt jegliche möglichen Motive.

JERRY SEINFELD:

Warum überquert irgendjemand eine Straße? Ich meine, warum kommt niemand darauf, zu fragen: »Was zum Teufel hat dieses Huhn da überhaupt gemacht?«

SIGMUND FREUD:

Die Tatsache, dass Sie sich überhaupt mit der Frage beschäftigen, dass das Huhn die Straße überquerte, offenbart Ihre unterschwellige sexuelle Unsicherheit.

BILL GATES:

Ich habe gerade das neue Huhn Office 2000 herausgebracht, das nicht nur die Straße überqueren, sondern auch Eier legen, wichtige Dokumente verwalten und Ihren Kontostand ausgleichen wird.

OLIVER STONE:

Die Frage ist nicht: »Warum überquerte das Huhn die Straße?«, sondern: »Wer überquerte die Straße zur gleichen Zeit, den wir in unserer Hast übersehen haben, während wir das Huhn beobachteten.«

DARWIN:

Hühner wurden über eine große Zeitspanne von der Natur in der Art ausgewählt, dass sie jetzt genetisch bereit sind, Straßen zu überqueren.

EINSTEIN:

Ob das Huhn die Straße überquert hat oder die Straße sich unter dem Huhn bewegte, hängt von Ihrem Referenzrahmen ab.

BUDDHA:

Mit dieser Frage verleugnest du deine eigene Hühnernatur.

RALPH WALDO EMERSON:

Das Huhn überquerte die Straße nicht …, es transzendierte sie.

ERNEST HEMINGWAY:

Um zu sterben. Im Regen.

COLONEL SANDERS:

Ich hab eines übersehen?

BILL CLINTON:

Ich war zu keiner Zeit mit diesem Huhn allein.

Reiss kritisiert die in vielen dieser Ansätze transportierte Überzeugung vom hedonistischen Glücksstreben des Menschen. Demnach wäre die oberste Prämisse allen motivierten Handelns: Spaß oder Glück zu haben. Für Reiss ist dies ein unhaltbares logisches Missverständnis: Glück und Zufriedenheit sind Nebenprodukte – sie sind aber nie oder so gut wie nie selbst das Ziel.

Dabei muss man das eher zufällige »Wohlfühlglück« – wenn man sich auf einer Party amüsiert, einen schönen Urlaubstag oder ein Glas Wein genießt – vom lebensmotiv-orientierten »Werteglück« unterscheiden: Im Gegensatz zum flüchtigen »Zufallsglück« verleiht nur das wertevermittelte Glück dem Leben echten Sinn. Nur diejenigen erfahren ein überdauerndes, tiefes und erfüllendes Glück, die ihre wahren Motive und Lebensgründe kennen und sich von ihnen durchs Leben tragen lassen.

Daher steht das Glück auch jedem Menschen offen: Völlig unabhängig von Reichtum, Status oder Attraktivität hat jeder die gleichen Chancen, sein Leben an den Werten zu orientieren, die es für ihn bedeutungsvoll machen.

Die Kritik an der bisherigen Motivationspsychologie lässt sich daher so formulieren: Sie liefert keine verallgemeinerbare, empirisch fundierte Antwort auf die Frage nach dem Großen und Ganzen: dem Sinn des Lebens, dem Glück oder Unglück, das wir erfahren, wenn wir unser Leben bilanzieren oder den Wert unseres Lebensentwurfs beurteilen.

Der Unterschied zwischen dem Zufalls- und dem Werteglück wird beispielsweise in der Biografie junger Männer deutlich, die ein eher lockeres, an Spaß und Freude orientiertes Leben führen, bis sie – meist ungewollt – Vater werden. Viele entdecken dann zu ihrer eigenen Überraschung, dass Familie und Kinder etwas sehr Wertvolles für sie sind – eine bisher völlig ausgeblendete Glücksdimension.

Ähnlich wissen viele Berufsberater, dass nicht wenige Schulabgänger oder mit ihrer bisherigen Arbeit »irgendwie« unzufriedene Berufstätige aufgrund intensiver Gespräche und Berufseignungstests oft kaum beachtete und reflektierte Werte und Lebensmotive erkennen, die sie bislang nicht recht entwickelt haben oder entwickeln konnten.

So wird beispielsweise der Kfz-Mechaniker, dessen Motiv-Profil sehr starke Idealismus- und Beziehungswerte widerspiegelt, in seinem Beruf kaum sein Lebensglück finden – was nach der Umschulung zum Krankenpfleger oder einer verwandten psychosozialen Tätigkeit anders aussieht. Ähnlich wird eine Krankenschwester mit hohen Macht- und Statuswerten in ihrem Motiv-Profil mit ihrer Tätigkeit nicht sonderlich zufrieden sein. Nach einem Berufswechsel in einen modernen, status- und karrierebewussten EDV- oder IT-Beruf wird sie hingegen ein für sie sinnvolleres Leben führen.

Steven Reiss selbst zeigt sich tief beeindruckt von der Biografie Malcolm Littles, der in den frühen 60er Jahren als Malcolm X zu einem weltbekannten Wegbereiter der schwarzen US-Bürgerrechtsbewegung wurde. Für Reiss ist er ein geradezu ideales Beispiel für einen Menschen, der – vorübergehend – seine Richtung verliert, bis er wieder einen Sinn in seinem Leben findet, weil er sich von seinen Lebensmotiven leiten lässt.

Malcolm war auf seinen Vater, einen schwarzen Baptistenpriester im Süden der USA, sehr stolz, jedoch musste die Familie einen hohen Preis für dessen engagierte Arbeit zahlen: der Ku-Klux-Klan brannte ihr Haus nieder und ermordete kurz darauf den Vater. Daraufhin zog die Familie mit dem noch kleinen Malcolm in ein Dorf an die Ostküste, wo der intelligente Junge zu einem guten Schüler wurde, der gerne Rechtsanwalt geworden wäre. Als ihm aber sein Lehrer verdeutlichte, dass er als Schwarzer dabei alles andere als gute Karten hätte, verlor er jeglichen Mut und empfand sein Leben als sinnlos.

Malcolm zog zu seiner älteren Schwester nach Boston, wo er sich bald einem großstädtischen Lebens- und Vergnügungsstil hingab: sex, drugs and Rock 'n' Roll. Um von den Weißen anerkannt zu werden, färbte und glättete er sich sogar seine Haare.

Das vermeintliche Glück in den Clubs, mit vielen Mädchen und Kokain wies aber in die falsche Richtung: Malcolm wurde abhängig und musste wegen Dealerei ins Gefängnis. Tatsächlich kam er dort an einen existenziellen Wendepunkt: Ihm wurde klar, dass er eher früher als später seine Drogensucht überwinden und seinem Leiden ein Ende bereiten musste.

Schließlich folgte er dem Rat seines Bruders und schloss sich der Organisation Nation of Islam an – wo er seine starken, aber völlig brachliegenden Lebensmotive Ehre und Idealismus wieder entdeckte. Aus Malcolm wurde ein gläubiger Muslim, der rasch eine verantwortungsvolle Position in der Organisation einnahm.

Aus Malcolm Little war Malcolm X geworden – eine dramatische Wandlung, die aus dem vergnügungssüchtigen und drogenabhängigen Straßenjungen einen großen, verantwortungsbewussten religiösen Führer gemacht hatte. Dennoch war aus Malcolm letztlich kein »neuer Mensch« geworden: Der Samen für diesen Wandel war in Form starker idealistischer und ehrebezogener Lebensmotive schon seit seiner Kindheit gelegt. Gesellschaftliche und individuelle Umstände ließen ihn aber erst mit dem Eintritt in die afroamerikanische Nation of Islam zur Blüte bringen. Malcolm X fand dort einen Sinn in seinem Leben.

In diesem wie in allen anderen Fällen gilt, dass man sich nie vom lockeren »Zufallsglück« blenden lassen darf, sondern das werteorientierte Glück erstreben sollte. Solange Malcolm dem Ich-fühle-mich-gut-Glück hinterherjagte, war sein Leben weitgehend sinnlos – letztlich drehte er damit selbst an einer Abwärtsspirale, die ihn zunehmend unter Druck setzte und unglücklich machte. Erst durch die reflektierte und bewusste Entscheidung, nach werteorientiertem Glück zu streben, konnte er sein Dasein wieder als wert- und sinnvoll erleben.

Diese Glücksperspektive ist ein weiterer Trumpf der Lebensmotiv-Forschung. Bevor wir dieses Ass aber ausspielen können, müssen wir alle Karten verteilen und uns mit dem Kernstück der Forschung von Steven Reiss beschäftigen: der Bedeutung der 16 Lebensmotive. Danach werden wir allerdings verstehen, warum so viele Psychologen Reiss' Forschung und sein Konzept der Lebensmotive als bahnbrechend beurteilen.

REISS-PROFIL I –
DAS FUNDAMENT:
DIE LEBENSMOTIVE

Für Reiss ist die individuelle Bewertung jedes der 16 Lebensmotive der Schlüssel, um menschliches Verhalten nicht nur zu verstehen, sondern auch vorhersagen zu können. Solch eine Vorhersagbarkeit ist auch das Ziel jeder Wissenschaft. Wenn man wissen möchte, was Menschen tun werden, muss man zuerst herausfinden, was sie wirklich wollen – und dann davon ausgehen, dass sie diese Wünsche und Bedürfnisse in ihrem Handeln auch befriedigen.

Es ist immer noch überraschend, dass diese grundlegende Idee in der Psychologie bisher keine große Rolle gespielt hat. Obwohl Hunderte von Tests entwickelt wurden, versuchen nur wenige zu bestimmen, was ein Mensch vom Leben erwartet.

Das Konzept der 16 Lebensmotive und das individuelle Motiv-Profil füllen diese Lücke: Das Reiss-Profil bildet die jeweiligen fundamentalen Ziele und Werte eines Menschen ab und ermöglicht ein umfassenderes (Selbst-)Verständnis.

Das Herz des Reiss-Profils:
Lebensmotiv als »Endzweck«

Welche Motive bestimmen das Leben tatsächlich? Welche Motive sind so wichtig, dass sie die Frage nach dem Sinn des Lebens tief greifend beeinflussen?

Anders ausgedrückt: Welche Motive sind psychologisch so bedeutend, dass man sie als »End-Ziele« oder »Letzt-Motive« bezeichnen kann?

Wie schon Aristoteles fand, können Motive in *Mittel* und *Zwecke* unterschieden werden, wobei Mittel nur als »vermittelnde« Zwischenschritte dienen, um das zu bekommen, was man will. Sie motivieren nur insoweit, als sie etwas anderes schaffen oder ermöglichen. Letztlich geht es um alle grundlegenden Verhaltensweisen und Handlungen, bei denen man – so der Fachausdruck – »intrinsisch« motiviert ist: Man tut etwas um seiner selbst willen – und nichts anderes.

Um möglichst alle solche Faktoren – fachlich »Items« – zu finden, erstellte Reiss anfangs eine Liste aller *psychologisch* wichtigen Motive, so wie sie in der Forschungsliteratur dokumentiert waren. Zusätzlich forderte er Fachkollegen auf, die Liste auf Vollständigkeit zu prüfen und gegebenenfalls zu vervollständigen.

Diese erste, ursprüngliche Liste verzeichnete schließlich rund 500 Items und wies so unterschiedliche Motive auf wie Leistungsstreben, Vermeidung von Ekel, Attraktivität von Horror, Konfliktvermeidung, biologische Antriebe wie Durst oder den Wunsch nach Liebe und Geliebtwerden.

Dann wurde diese Liste auf wirklich grundlegende Motive und Werte hin überprüft. Neben ähnlichen oder gleichen Items strich Reiss vor allem die psychologisch wenig bedeutsamen wie etwa

Durst: Obwohl Wasser trinken eine überlebenswichtige Bedeutung hat, erklärt es menschliches Verhalten kaum, da es nur sehr wenige Handlungen motiviert und individuelle Unterschiede psychologisch vernachlässigt werden können. Für die Frage nach dem Sinn von Leben kann Wasser trinken keine Antworten liefern, so wichtig es biologisch auch sein mag.

Dagegen erweist die psychologische Betrachtung, dass Hunger ein relevantes intrinsisches Motiv verkörpert, da es viele menschliche Verhaltensweisen erklären kann: So hängen Hunger und Essen stark mit sozial und kulturell geprägten Verhaltensweisen zusammen wie gemeinsam kochen und essen. Die psychologische Bedeutung des Essens wird auch unter negativen Vorzeichen deutlich, so bei Diät halten oder Essstörungen.

Schließlich reduzierten sich die anfänglich knapp 500 auf 328 Items. Diese wurden so eindeutig formuliert, dass sie die jeweilige Ausprägung eines Endmotivs erfassen konnten: »Ich mag ... « oder »Ich genieße ... «, »Ich bin am glücklichsten ... «, »Ich hasse ... «, »Ich bin stolz ... « oder »Es ist wichtig für mich ... «. Zum Beispiel: »Ich liebe Essen.« – »Sex ist sehr wichtig für mich.« – »Ich bin am glücklichsten, wenn ich körperlich aktiv bin.« – »Ich liebe Partys.«

Kein Item fragte nach vermittelnden Motiven oder Mitteln. Es gab also keine Aussagen wie: »Sex ist ein guter Weg, um jemandem einen Gefallen zu tun.« Oder:»Berühmt zu werden ist wichtig, um akzeptiert zu werden.«[10]

Diese 328 Aussagen wurden in insgesamt neun internationalen Studien mit rund 7 000 Versuchspersonen aus den USA, Kanada und Japan streng getestet. Am Ende konnte Reiss seine Theorie der 16 Lebensmotive und das auf 128 Items konzentrierte Reiss-Profil auf sehr robuste Grundlagen stellen. Demnach sind alle 16 Lebensmotive eindeutig voneinander unterscheidbare Motivklassen, die mehrere ähnliche, grundlegende menschliche Werte, Interessen und Bedürfnisse zusammenfassen.[11]

Lebensmotive definiert Reiss als »Motivdimensionen«, die unterschiedliche, aber doch ähnliche Beweggründe zusammenfassen und als *intrinsische* Motivatoren wirken: Sie sind elementare Letztmotive und Zwecke unseres Handelns. Die Erfüllung der individuellen Bedürfnisse, die den jeweiligen Lebensmotiven entspringen, erleben wir als Selbstzweck: Sie allein machen uns glücklich und zufrieden.

Die Theorie der 16 Lebensmotive ist sehr umfassend formuliert. Das Entscheidende daran könnte man das »Komplexitätspostulat«, genauer: das »Komplexitätsreduktionspostulat«, nennen: Ähnlich wie Chemiker alle Stoffe auf elementare Bestandteile zurückführen können, bestehen praktisch alle psychologisch bedeutsamen Motive aus einer Kombination der 16 Grund- oder Letztwerte.

Die theoretischen Grundlagen:

1. Die 16 Lebensmotive sind fundamental und übergeordnet gültig: Sie beschreiben alle wichtigen, von Menschen als intrinsisch wert- und sinnvoll erlebten Handlungen als Selbstzweck.

2. Motiviertes menschliches Verhalten lässt sich entweder auf *einzelne Lebensmotive* zurückführen oder als eine *Kombination* der 16 Lebensmotive auffassen.

Ähnlich wie Wasser aus Sauerstoff und Wasserstoff besteht, ist beispielsweise die Leistungsmotivation eines Menschen, lebensmotivisch betrachtet,

entweder nur

machtmotiviert (Leistung als Mittel, um Einfluss zu haben)oder

statusmotiviert (Leistung als Mittel, um privilegiert zu sein) oder

ehremotiviert (Leistung als Mittel, um den Kodex zu wahren) oder

neugiermotiviert (Leistung als Mittel, um Freude am Wissen zu haben)
oder
eine Mischung aus allen diesen prägenden Lebensmotiven.
Wir werden darauf zurückkommen.[12]

Dabei ist die genetische Bedingtheit auffallend: Ohne dass sich Reiss anfänglich dafür interessiert hätte – er suchte nach den *psychologisch* bedeutenden Motiven, also jenen, die den Menschen wirklich wichtig sind und die ihr Leben mehr oder weniger stark bestimmen –, zeigte sich am Ende, dass die Lebensmotive mit einer einzigen Ausnahme genetisch geprägt sind.

Dies spricht letztlich für die Theorie der 16 Lebensmotive:»Die deutliche genetische Fundierung zeigt«, so der Politikwissenschaftler Larry Arnhart von der Illinois-Universität,»dass es sich dabei um menschliche Universalien handelt.«

Auch wenn wir gewissermaßen mit der »Blaupause« unseres Lebensentwurfs geboren werden – unser Erbe bestimmt, wie stark oder schwach wir jedes Lebensmotiv entwickeln –, ist die Theorie von Reiss alles andere als »biologistisch«. Im Gegenteil: Das, was wir wollen, ist uns zwar in die Wiege gelegt. Wie wir diese Interessen und Werte jedoch befriedigen, ist eine komplexe Angelegenheit aus vielfältigen kulturellen und gesellschaftlichen Einflüssen sowie individuellen Erfahrungen und Willensprozessen.

Die 16 Lebensmotive:
Jeder nach seiner Façon

Damit Sie sich besser mit der neuen Persönlichkeits- und Motivationstheorie vertraut machen können, werden wir die 16 Lebensmotive in einer prägnanten Kurz- und in einer Langcharakteristik darstellen. Auf S. 92f. finden Sie eine Generalübersicht, in die Sie sich auch vorab zur orientierenden Einstimmung vertiefen können.

Die Reihenfolge der Motive hat selbst keine Bedeutung. Wir halten uns an die forschungshistorisch entstandene Aufzählung, wie sie auch von Reiss einheitlich verwendet wird.

Betonen möchten wir nochmals, dass jede einzelne der folgenden 16 Lebensmotivdimensionen als ein Kontinuum von (sehr) schwach bis (sehr) stark verstanden werden muss, auf dem jedes Individuum seinen ganz eigenen »Glückspunkt« hat.

Macht (Power)

Schlüsselmotive: Streben nach Einfluss, Erfolg, Leistung, Führung
schwacher Pol: unterwürfig, ohne Ehrgeiz

Das Lebensmotiv **Macht** meint das Streben nach Einfluss. Wird dieses Bedürfnis befriedigt, fühlt man die Freude der Selbstwirksamkeit – bleibt es unerfüllt, fühlt man sich frustriert und hilflos.
Macht zeigt sich besonders in dem Wunsch, andere zu führen und sie anzuweisen. Das Machtmotiv hat aber auch mit dem Streben zu tun, etwas leisten oder schaffen zu wollen und sich Kompetenzen anzueignen.
Stark machtorientierte Menschen sind meist ehrgeizig und leistungsorientiert, zudem ist Leistung für sie etwas besonders Positives.
Für schwach Machtorientierte ist Ehrgeiz dagegen ein Fremdwort, und alles, was mit Arbeit zu tun hat, würden sie am liebsten meiden.
Evolutionäre Grundlagen: Dominante (Alpha-)Tiere verdrängen Schwächere von den Futterstellen.

Wir alle streben nach einer gewissen Macht, möchten anderen (manchmal) unseren Willen aufzwingen. Macht äußert sich auch im Streben nach Erfolg, sie motiviert zu Anstrengung und Ehrgeiz. Stark machtorientierte Menschen sind im Allgemeinen willensstark und entschieden, sie übernehmen Verantwortung.

Macht ist eine offensichtlich evolutionäre Verhaltensweise, die sich bei Tieren als Dominanzstreben zeigt: Lebewesen, die in ihrer Gruppe dominieren, verdrängen die anderen von knapper Nahrung und erhöhen damit ihre Überlebenschancen.

Typische Machttypen sind Menschen, die erkennbare Lust und ausgesprochene Freude empfinden, wenn sie andere in ihrem Sinne führen und beeinflussen können – ob im Büro, im Verein oder in der Familie. Sie tun alles, um »am Drücker« zu bleiben. Haben sie im Berufsleben eine Leitungsposition erreicht, sind sie meist hart wie Stein. Viele sind geradezu süchtig nach Macht. Nicht nur die Weltgeschichte ist von Caesar über Napoleon bis hin zu vielen unserer heutigen Politiker voll von Machtmenschen, auch im Alltag findet man sie auf jeder Unternehmensetage.

Machthungrige Menschen in Reinform – also jene, die nicht von anderen, ausgleichenden Lebensmotiven getrieben werden – kann man als autoritär, dominant, manipulativ oder gar ausbeuterisch beschreiben. Sie übernehmen sowohl im Privatleben als auch im Beruf das Kommando und sagen jedermann, was er oder sie zu tun hat und wie es getan werden soll: »Manche Leute können es nicht ertragen, eine Person in eine Richtung gehen zu sehen«, so Oscar Wilde, »ohne sie dazu zu zwingen, in die andere zu gehen.«

Wie für alle anderen Lebensmotive gilt für das Machtmotiv, dass ein individuelles Maß angestrebt wird. Daher kann Ehrgeizigen ihr Machthunger auch zu viel werden – was sie dann in Richtung zum entgegengesetzten Pol des völlig ehrgeizlosen oder gar unterwürfigen Verhaltens wieder ausgleichen. Reiss selbst veranschaulicht dies am Beispiel des Geschäftsmanns, »der in seinem Unternehmen der Chef ist, sich aber von Zeit zu Zeit zu Hause unterwürfig verhält und beispielsweise entsprechende Sexualpraktiken bevorzugt«.

Unabhängigkeit (Independence)

Schlüsselmotive: Streben nach Freiheit, Autarkie, Selbstgenügsamkeit

schwacher Pol: Unselbstständigkeit, Angewiesensein auf andere, wechselseitige Abhängigkeit (»Interdependenz«)

Unabhängigkeit meint das Streben nach Autarkie. Wird dieses Bedürfnis befriedigt, erfährt man das Glück und die Freude der persönlichen Freiheit – bleibt es unerfüllt, fühlt man sich abhängig. Unabhängigkeit bedeutet im Wesentlichen, dass man die Dinge ohne die Hilfe von anderen bewältigt. Stark Freiheitsliebende bitten andere Menschen nur sehr widerwillig um Unterstützung oder Rat.

Menschen mit schwach ausgeprägtem Unabhängigkeitsbedürfnis lassen eine gewisse Abhängigkeit oder Interdependenz von anderen erkennen – so schätzen viele »Freiheitsunwillige« nicht nur Teamarbeit, sondern sind mitunter sogar auf sie angewiesen.

Evolutionäre Grundlagen: Tiere verlassen das Nest, um den Bereich zu erweitern, in dem sie Futter finden.

Unabhängigkeit meint psychologisch das Streben nach Selbstbestimmung und das Bedürfnis, sich frei zu fühlen.

Evolutionäre Grundlage ist der Instinkt der Tiere, das Nest zu verlassen, um es »auf eigene Faust« zu versuchen. Dieses Verhalten verleiht einer Spezies eine größere Überlebenschance, weil dadurch das Territorium, das nach Nahrung abgesucht wird, vergrößert wird.

Menschen mit einem starken Bedürfnis nach Unabhängigkeit und Freiheit mögen es charakteristischerweise nicht, sich auf andere verlassen zu müssen oder auf sie angewiesen zu sein. Zudem reagieren alle nach Unabhängigkeit Strebenden – egal, welchen Alters – geradezu allergisch, wenn man sie mit »gut gemeinten« Ratschlägen konfrontiert – vor allem dann, wenn sie überzeugt sind, die Dinge auch alleine bewältigen zu können. Für sie ist es sehr wichtig, dass ihre Arbeit auf ihren eigenen Ideen und Fähigkeiten fußt.

Ähnlich weisen Kinder ihre Eltern zurück, die sie im Prozess des Erwachsenwerdens und Strebens nach Unabhängigkeit entmutigen. Diese Zurückweisung wird »Abhängigkeits-Feindseligkeit« genannt, was bedeutet, dass wir unsere Wut auf jene richten, die versuchen, uns in einem Stadium der Abhängigkeit zu halten.

Ältere Menschen mit einem großen Bedürfnis nach Unabhängigkeit können es geradezu hassen, Insassen in einem Alten- oder Pflegeheim werden zu müssen, wo sie von Krankenschwestern und anderem Pflegepersonal abhängig sind. Für Menschen, die die Hilfe anderer nur sehr ungern in Anspruch nehmen, kann die Erfahrung, dass sie alltägliche Verrichtungen nicht mehr ohne fremde Hilfe bewältigen können, sogar demütigend sein und zu entsprechenden Reaktionen führen.

Auf der anderen Seite streben schwach freiheitsmotivierte Menschen nach Abhängigkeit – psychologisch: »Interdependenz« – von anderen: Zu viel Freiheit oder Selbstständigkeit ist für sie sogar bedrohlich.

Wann Freiheit beziehungsweise Interdependenz zu viel ist, hängt immer vom Einzelnen ab. Dabei sind sowohl die Freude über die eigene Unabhängigkeit und der Wunsch nach Selbstbestimmung als auch die Freude, anderen das Vertrauen entgegen zu bringen, dass sie einem helfen, normale Gefühle und Zustände.

Auch für das Lebensmotiv der Unabhängigkeit gilt, dass in der Regel die goldene Mitte gesucht wird. Wird es mit der Unabhängigkeit und dem Sich-frei-Fühlen zu viel, versucht man dies beispielsweise durch eine verstärkte Zuwendung zu anderen wieder auszugleichen. So haben auch die notorischsten Einzelkämpfer in Betrieben immer wieder Phasen, in denen sie sich der Teamarbeit aufschließen. Umgekehrt werden auch erklärte Teamkämpfer im Beruf oder in der Familie sporadisch ausbrechen, um Dinge auf eigene Faust zu erledigen.

Ein Idealfall der Balance wäre etwa für einen Selbstständigen, der seine Arbeit in hohem Maße unabhängig bewältigen muss, eine Partnerschaft zu leben, die genügend Spielraum für gesunde, ausgleichende Gefühle wechselseitiger Abhängigkeit bietet.[13]

Neugier (Curiosity)

Schlüsselmotive: Streben nach Wissen und Wahrheit
schwacher Pol: Gleichgültigkeit

Neugier meint das allgemeine Streben, etwas zu lernen. Wird dieses Bedürfnis befriedigt, kann man sich einem zufriedenen »Staunen« hingeben – bleibt es unerfüllt, fühlt man sich unausgefüllt »wissbegierig«. Neugier zeigt sich im Wesentlichen in der Freude am intellektuellen Fragen und im Durchschauen-Wollen von Zusammenhängen.

Stark neugierige Menschen versuchen vor allem, die Dinge ihres Lebens zu verstehen, sie sind der Wahrheit und allen Diskussionen sehr aufgeschlossen.

Im Gegensatz dazu interessieren sich Nichtneugierige für solche Fragen kaum, und sie versuchen, geistige Anstrengungen zu vermeiden.

Evolutionäre Grundlagen: Tiere profitieren bei ihrer Nahrungssuche wie auch bei ihrer Verteidigung davon, wenn sie ihre Umgebung sehr genau auskundschaften.

Neugier meint letztlich Wissbegierde: Der Wunsch, etwas über die Welt oder sich selbst zu erfahren und Wissen zu erwerben, ist für Menschen mit starkem Neugiermotiv eine der größten Freuden im Leben. Neugier kann sich als Reiselust gestalten oder in intellektuellen Bedürfnissen wie Lesen, Schreiben oder Reflektieren ausdrücken. Das Wissensmotiv kann auch durch anspruchsvolle Spiele wie Bridge oder Schach befriedigt werden.

Dabei gilt, dass sehr stark Wissensdurstige immer alles wissen und erfahren möchten. Die Suche nach Wahrheit ist ihr Hauptmerkmal. Ähnlich beruht unter anderen Vorzeichen die Kulturgeschichte des Menschen auf diesem Streben nach Wissen.

Evolutionär gesehen, treibt dieses Motiv Tiere dazu, ihre Umgebung zu erforschen und neue Erfahrungen zu machen, die ihnen bezüglich Nahrung, Behausung oder Vermeidung von Gefahren viele lebenswichtige Vorteile verschaffen können.

Das Lebensmotiv der Neugier darf man nicht mit Intelligenz verwechseln: Alle empirischen Daten zeigen, dass Neugier und Intelligenz so gut wie nichts miteinander zu tun haben. Intelligenz bezieht sich nur auf die Fähigkeit, gut und schnell zu lernen, Neugier dagegen drückt aus, wie viel Freude das Lernen und Wissen einem Menschen bereitet.[14]

Wenn es zu viel des Wissens, Lernens und Neuen wird, suchen auch Intellektuelle von Zeit zu Zeit das völlig Belanglose und Gleichgültige. Viele Studenten kennen etwa das Bedürfnis, sich nach einer Prüfung dem reinen Nichtstun und der gleichgültigen Faulenzerei hinzugeben.

Umgekehrt treibt es auch wenig Wissensmotivierte zumindest hin und wieder dazu, ein Buch in die Hand zu nehmen.

Anerkennung (Acceptance)

Schlüsselmotive: Streben nach sozialer Akzeptanz, Zugehörigkeit und positivem Selbstwert
schwacher Pol: gleichgültig gegenüber Kritik oder Zurückweisung

Anerkennung meint das Streben nach positivem Selbstwert. Wird dieses Bedürfnis befriedigt, stärkt es unser Ich – bleibt es unerfüllt, fühlen wir uns selbstunsicher. Menschen mit ausgeprägten Anerkennungswerten zeigen meist ein sehr bedürftiges und aggressionsfreies, »weiches« Verhalten, wobei sie gegenüber aller Kritik, Zurückweisung oder Fehlern besonders sensibel sind.

Auf der anderen Seite ist es für Menschen mit schwachen Anerkennungstendenzen charakteristisch, dass sie mit Kritik, Zurückweisung oder Fehlern gut umgehen und sie akzeptieren können.

Evolutionäre Grundlagen: unklar

Das Bedürfnis nach Anerkennung als grundlegendes Verlangen, »dazu«zugehören, motiviert Menschen besonders, Ablehnung und Kritik zu vermeiden. Das Lebensmotiv Anerkennung ist psychologisch stark mit unserem Selbstkonzept und unserer Selbsteinschätzung verbunden.[15]

Da wir alle das Bedürfnis haben, so anerkannt und akzeptiert zu werden, wie wir sind, ist es das größte Geschenk von Eltern an ihre Kinder, sie so zu »nehmen« und zu lieben, wie sie sind. Wie die Klinische Psychologie weiß, entwickeln anerkannte Kinder sehr viel einfacher ein positives Selbstwertgefühl und Selbstvertrauen als andere.

Menschen mit einem sehr ausgeprägten Anerkennungsmotiv

sind meist unsicher und fühlen sich in der »Öffentlichkeit« mitunter ängstlich. Da sie gegenüber jeder Form von Kritik besonders sensibel sind, vermeiden sie entsprechende gefürchtete Situationen, wo sie nur können: etwa Kinder, die sich im Unterricht nicht melden aus Angst, falsch zu antworten und vom Lehrer oder der Klasse zurückgewiesen zu werden, oder Jungen, die es nicht wagen, auf Mädchen zuzugehen.

Ähnlich fördert eine solche Haltung Prüfungsängste – dann, wenn Schüler oder Studenten fürchten, wegen schlechter Noten von Mitschülern/Mitstudenten, Freunden, Eltern, Lehrern nicht mehr akzeptiert zu werden.[16]

Dies gilt auch für Erwachsene: Eine ausgeprägte Sensibilität gegenüber sozialer Zurückweisung macht sie schüchtern – und hält sie etwa im Restaurant davor zurück, das schlechte Essen zurückgehen zu lassen, eine Rechnung zu akzeptieren, die viel höher ausfällt, als ursprünglich vereinbart, oder im Familienkreis eine kleine Rede zu halten. Immer haben sie eine zwar eingebildete, aber dennoch sehr »reale« Angst, von anderen kritisiert oder abgelehnt zu werden.

Ordnung (Order)

Schlüsselmotive: Streben nach Klarheit, guter Organisation, Struktur, Stabilität
schwacher Pol: flexibel – auch schlampig, chaotisch

Ordnung meint das Streben, die Dinge zu organisieren. Wird dieses Bedürfnis befriedigt, empfindet man Sicherheit – bleibt es unerfüllt, fühlt man sich unsicher, weil alles außer Kontrolle und unübersichtlich erscheint. Ordnung bedeutet im Wesentlichen den Wunsch, alles zu planen und zu kategorisieren, in zweiter Linie motiviert sie auch zur Reinlichkeit.

Menschen mit starken Ordnungsmotiven fürchten jede Veränderung, sie achten auf Kleinigkeiten und Details, vor allem jedoch auf Rituale, wobei ihr Verhalten mitunter zwanghafte Züge annehmen kann.

Schwach Ordnungsmotivierte sind dagegen auf Flexibilität bedacht und offen für mehr- oder vieldeutige Situationen.

Evolutionäre Grundlagen: Tiere mit regelmäßiger »Eigenhygiene« und Fellpflege sind weniger anfällig für Krankheiten.

Das Streben nach Ordnung wird deutlich, wenn wir Dinge organisieren, Pläne machen, einen Stundenplan etwa, Listen für diverse Zwecke anfertigen oder Regeln aufstellen und dafür sorgen, dass alles hübsch, ordentlich und sauber ist. Die evolutionären Wurzeln dieses Verlangens liegen in Sauberkeitsritualen wie etwa der Fellpflege, womit sich Tiere vor Krankheiten schützen.

Stark ordnungsmotivierte Menschen erleben durch die geschaffenen Strukturen ein Gefühl der Stabilität und Kontrolle – umgekehrt wird jeder Ordnungsmangel als bedrohlich erlebt. Bei besonders hohen Ordnungswerten kann auch zwanghaftes Verhalten zugrunde liegen.

Umgekehrt sind wenig auf Ordnung bedachte Menschen flexibel, für alles Neue und Unvorhergesehene offen. Mitunter kann diese Haltung aber auch die Form totaler Schlampigkeit annehmen, die andere als rücksichtslos empfinden.

Die beiden Protagonisten der TV-Serie *Männergesellschaft* verkörpern zwei völlig unterschiedliche Ordnungs-Charaktere: Der überkorrekte Fotograf Felix (Tony Randall) und der schlampige Sportjournalist Oscar (Jack Klugman) teilen sich ein New Yorker Apartment – und liegen sich wegen Ordnungsfragen ständig in den Haaren. Während Oscar ein Schlamper vor dem Herrn ist – die verschüttete Milch im Kühlschrank ist ihm egal, er lässt einen Berg von schmutzigem Geschirr in der Spüle stehen und er wischt seine fettigen Finger an seinem Hemd ab –, achtet Felix auf jede Kleinigkeit.

Oscar lebt völlig in den Tag hinein, manchmal nimmt er um drei Uhr sein Abendessen zu sich – oder sein Frühstück. Felix hingegen hat einen sehr präzisen Tagesablauf, er rückt die Bilder an der Wand gerade und lebt nach unbeugbaren Regeln. Zum Kartenspielen trägt er ein Hemd und eine Krawatte, er sprayt die Luft, wenn geraucht wurde, und reinigt und desinfiziert sogar die Spielkarten. Wenn die beiden zusammenkommen, dann kann Oscar in seinem Zuhause nicht entspannen, und Felix hat den Eindruck, dass Oscar seine Anstrengungen, das Haus sauber und ordentlich zu halten, nicht ausreichend würdigt.

Auch wenn die Serie als Comedy großen Erfolg hatte, im wirklichen Leben können völlig unterschiedliche Ordnungsmotivationen von zwei Menschen zu ernsten Konflikten führen – egal, ob es sich um Partnerschaften, Freundschaften oder Arbeitskontakte handelt. Wir kommen im Kapitel »Partnerschaft: Wie Sie gemeinsam (un)glücklich werden« (S. 150) darauf zurück.

Auch für die Ordnung gilt die Lebensmotiv-Regel vom goldenen Maß. Wenn wir zu sehr der Ordnung angehangen sind, treibt uns dies zu einem Ausgleich in Richtung Unvorhersagbarkeit –

und versuchen uns etwa im Glücksspiel. Umgekehrt kennen auch Unordentliche das Verlangen, zumindest hin und wieder ihren völlig chaotischen Schreibtisch aufzuräumen oder irgendwelche Übersichten anzufertigen.

Sparen (Saving)

Schlüsselmotive: Streben nach Anhäufung materieller Güter und nach Eigentum, sammeln
schwacher Pol: freizügig, verschwenderisch, extravagant

Sparen meint das Streben, alles zu horten. Wird dieses Bedürfnis befriedigt, fühlt man sich gewappnet und vorbereitet – bleibt es unerfüllt, fühlt man sich unvorbereitet und ausgeliefert.

Menschen mit starker Sparmotivation sind meist »Allessammler« und in Geldangelegenheiten sparsam – viele sind auch das, was man gemeinhin als Geizhals bezeichnet. Schwache Sparer dagegen sind äußerst freigebig, viele sogar ausgesprochen verschwenderisch. Sie können auch eine »Wegwerfmentalität« entwickeln.

Evolutionäre Grundlagen: Tiere mit guten Nahrungs- und Materialvorräten sind besser geschützt und überleben häufiger.

Das Lebensmotiv des Sparens treibt uns, Dinge zu sammeln und anzuhäufen.

Seine evolutionären Wurzeln liegen in dem Instinkt, Futter und andere überlebenswichtige Materialien zu horten.[17]

Menschen mit starken Sparmotiven ist es ein Graus, irgendetwas zu verschwenden, ob es sich dabei nun um Geld oder jede Art von Gebrauchsgegenständen handelt. Solange sie den Eindruck haben, dass etwas noch zu gebrauchen ist, wird es gehortet – völlig unabhängig davon, wie groß der Nutzwert tatsächlich ist, wenn sie beispielsweise alte Kleider, angeschlagenes Geschirr oder Tapetenreste aufbewahren.

Vom Lebensmotiv des Sparens werden auch Sammler aller

Couleur getrieben – ob sie nun Antiquitäten, Briefmarken oder Bierdeckel sammeln.

Auch das Streben nach Reichtum kann dem Sparmotiv entspringen. Allerdings muss man es vom Statusmotiv unterscheiden: Wenn Menschen nur deswegen Geld sammeln, damit sie ihre Bankkonten anwachsen sehen, dann sind sie Sammler. Wenn sie aber sparen, um sich teure Dinge zu kaufen oder andere mit ihrem Reichtum zu beeindrucken, dann sind sie statusmotiviert, und das Sammeln ist nur ein Mittel zum Zweck, kein Selbstzweck.

Besonders stark Sparmotivierte sind Geizhälse, die von ihrem Bedürfnis geradezu beherrscht werden – in diese Kategorie fallen etwa wohlhabende Menschen, die es vermeiden, im Restaurant zu essen. Oder auch die Millionärin, die selbst als reife Frau ihren Urlaub noch im Zelt verbringt, weil sie das »teure Hotel« vermeiden möchte. In solchen und anderen Fällen ist auffällig, dass Sparen im Grenzbereich zwanghafte Formen annehmen kann.

Auf der anderen Seite des Spektrums gefällt es Menschen mit geringen Sparmotiven, großzügig zu sein – sich selbst, aber auch anderen gegenüber. Dieses Verhalten kann mitunter als extravagant verstanden werden, und manchmal sind besonders schwache Sparer einfach verschwenderisch.

Auch für dieses Lebensmotiv gilt das rechte individuelle Maß. So werden auch Großzügige mitunter das Verlangen spüren, die Dinge etwas besser zusammenzuhalten. Umgekehrt treibt es Sparsame manchmal dahin, sich von Überflüssigem zu befreien oder überhaupt einmal »großzügiger« zu sein – wie immer das im Einzelfall aussehen mag.

Ähnlich wie bei der Ordnung kann auch das Sparen zu ernsten Partnerschaftskonflikten führen – Paar- und Familientherapeuten wissen, wie oft darüber gestritten wird, wie viel Geld ausgegeben werden darf und wie viel Geld gespart werden muss.

Ehre (Honor)

Schlüsselmotive: Streben nach Loyalität, Moralität, Prinzipien
schwacher Pol: »Realisten«, illoyal, skrupellos

Ehre meint das Streben, seinem (familiären) Erbe moralisch
verbunden zu sein. Wird dieses Bedürfnis befriedigt, erlebt
man die Freude, loyal zu sein – bleibt es unerfüllt, fühlt man
sich schuldig und beschämt. Ehre ist vor allem auf den traditionellen Moralkodex bezogen, in abgeschwächter Form hat
dieses Motiv auch mit Patriotismus oder Religion zu tun.
Menschen mit einem ausgeprägten Ehremotiv richten ihr
Hauptaugenmerk auf ihren Charakter und ihre ethischen
Prinzipien – sie wollen ehrlich leben.
Umgekehrt sind Zeitgenossen mit einem gering ausgeprägten Ehremotiv weniger darauf bedacht, ob etwas moralisch
richtig ist – sie fragen vor allem danach, was ihnen etwas
bringt.
Evolutionäre Grundlagen: Schamgefühle; Tiere verabscheuen
es, angestarrt und herausgegriffen zu werden, was meist geschieht, wenn sie von einem Raubtier verfolgt werden.

Ehre meint das Verlangen, loyal zu sein – besonders seinen Eltern
oder der Familie gegenüber, im weiteren Sinne aber auch gegenüber dem, was man individuell als »kulturelles Erbe« versteht.
Menschen mit einem starken Ehrebedürfnis neigen dazu, dem
Charakter, einer Religion, ethnischen Traditionen oder Patriotismus einen hohen Stellenwert einzuräumen und sich diesen Werten gegenüber loyal zu verhalten.
 »Bei vielen Menschen zeigt sich ihr hohes Ehremotiv darin,
dass sie ihre Eltern ehren«, betont Reiss, »und dass sie den mora-
lischen Prinzipien und der Religion gegenüber loyal sind, die ih-

re Eltern sie als Kinder gelehrt haben. Sie ehren die Vorväter, wenn sie die Traditionen und die Gebräuche ihrer ethnischen Gruppe praktizieren, oder sie ehren als Patrioten ihre Nation.«»Ehrenmenschen« verleihen daher der Pflicht und der Pflichterfüllung einen hohen Stellenwert, immer ist ihr Verhalten von einem entsprechenden Ehren- oder Moralkodex bestimmt.

Menschen mit einem starken Ehrebedürfnis neigen dazu, Scham oder Schuld zu empfinden, wenn sie sich »unehrenhaft« verhalten – diese Gefühle stärken ihre Prinzipientreue besonders. Im Gegensatz dazu sind Menschen mit niedrigem Ehrgefühl »schamlos«.

Die evolutionären Grundlagen der Ehre könnten in einem gewissen archaischen »Schamgefühl« liegen: »Manche Raubtiere greifen Tiere nicht an, die Teil einer Herde sind«, argumentiert Reiss, »aber sie starren Tiere an, die Einzelgänger sind, verfolgen und attackieren sie. Und weil Tiere, die das Gefühl der Scham haben, wenn sie angestarrt werden, möglicherweise zur Herde zurücklaufen, noch bevor das Raubtier sie angegriffen hat, könnte Scham einen Überlebenswert haben.«

Menschen mit einem ausgeprägten Ehrenkodex sind meist sehr selbstdiszipliniert. Der ehremotivierte Kodex, die jeweilige Loyalität und Prinzipientreue werden allerdings sehr unterschiedlich ausgestaltet: So weiß man, dass einige »Titanic«-Passagiere ihre Plätze in den Rettungsbooten aufgaben, damit andere überleben konnten. Andererseits sprang ein namentlich bekannter Japaner vom Deck in eines der Rettungsboote und sprach damit das Todesurteil über eine Frau oder ein Kind, für die der Platz bestimmt war.

Personen mit schwach ausgeprägter Ehrmotivation handeln dagegen zweckrational und zweckmäßig. Sie halten es für richtig, alles zu tun, um eine wichtige Aufgabe zu beenden. Manche glauben, dass jeder mehr oder weniger auf sich selbst gestellt ist. Sie ärgern sich schnell, wenn andere ihnen mit »selbstgerechtem«

Moralgetue begegnen. Obwohl sie oft nur ungern ihr Wort brechen oder »fünf gerade sein lassen«, halten sie dies für notwendig, um erfolgreich zu sein.

Manchmal handeln sie in ihrer Zweckmäßigkeit auch nach der Maxime: Zuerst komme ich, und dann kommen alle anderen. Dies muss nicht immer böswillig sein, aber die Grenze zum Skrupellosen ist in den unteren Ehrmotivregionen manchmal schnell überschritten.

Idealismus (Idealism)

Schlüsselmotive: Streben nach sozialer Gerechtigkeit und Fairness

schwacher Pol: Realisten, »Privatiers«

Idealismus meint das Streben nach sozialer Gerechtigkeit und nach Interaktion. Wird dieses Bedürfnis befriedigt, fühlt man sich als »Gleicher unter Gleichen« – bleibt es unerfüllt, fühlt man sich ungerecht. Dieses Streben motiviert die Menschen, sich sozial zu engagieren, zu spenden und sich für gesellschaftliche Entwicklungen oder die Wohlfahrt zu interessieren.

Menschen mit starken Idealismusmotiven sind daher oft Mitglieder wohltätiger, humanitärer Gruppen, Vereine oder Organisationen.

Dagegen kümmern sich Menschen mit einem schwach ausgeprägten Idealismusmotiv nicht um gesellschaftliche Entwicklungen, sondern sind auf ihren unmittelbaren Freundes- oder Bekanntenkreis bezogen.

Evolutionäre Grundlagen: unklar, eventuell »altruistisches« Verhalten vieler Tierarten

Das Lebensmotiv Idealismus meint alle menschlichen Bestrebungen nach sozialer Gerechtigkeit und Wohlfahrt. Es motiviert viele, sich für die Verbesserung der »condition humaine« zu engagieren und dazu etwas beizutragen. Steven Reiss bezeichnete dieses Lebensmotiv in einem frühen Forschungsstadium als »citizenship«, worunter man Zivilcourage oder Engagement für die Zivilgesellschaft verstehen kann.

Die evolutionären Wurzeln dieses Lebensmotivs sind unklar. Es könnte im Zusammenhang mit dem stehen, was Ethologen mittlerweile als »altruistisches Verhalten« einiger Primaten oder Elefanten diskutieren – dieser Begriff ist allerdings umstritten.

Der Idealismus bringt Menschen dazu, sich Hilfsorganisationen anzuschließen, sich für humanitäre Projekte zu engagieren, für wohltätige Zwecke zu spenden oder sonst zur Verbesserung der Gemeinschaft beizutragen. Einige Menschen führt der Idealismus auch zu ihrer »Berufung«: ob als Theologe, Mediziner, Psychologe oder in andere helfende oder ähnlich humanitär orientierte Berufe.

Das Musterbeispiel eines besonders stark idealistisch motivierten Menschen ist Mutter Teresa. Menschen, die für wohltätige, dem Allgemeinwohl dienende Zwecke spenden, sind dann idealistisch motiviert, wenn ihnen das Helfen wirklich Freude bereitet – und nicht, wenn sie es nur dann tun, um vor anderen gut dazustehen.

Idealismus lässt die Menschen Fairness und Gerechtigkeit als »intrinsischen Wert« erleben: Idealistische Menschen aller Kulturen sind dem Fairplay verpflichtet, sie halten Versprechen oder »revanchieren« sich für einen persönlichen Gefallen. Die »soziale Frage« kann zur alles bestimmenden Lebensaufgabe werden: Starke Idealisten sind auch bereit, für ihre Sache hohe persönliche Risiken einzugehen oder – im Extremfall – für dieses Ideal zu sterben.

Obwohl Idealisten zu einer gewissen Selbstaufopferung neigen oder dazu bereit sind – wenn sie beispielsweise ihre Karriere aufgeben, um als Ärzte in Ländern der Dritten Welt zu arbeiten –, muss man darauf hinweisen, dass Idealisten keineswegs die »besseren« Menschen sind: So besteht etwa zwischen dem idealistischen Motiv, der Allgemeinheit, der Gesellschaft oder gar der Menschheit zu helfen, und der Art und Weise, wie die Menschen sich anderen gegenüber im Einzelnen verhalten, keine zwangsläufige Verbindung.

Dass Lebensmotive gänzlich unabhängig voneinander sind,

wird besonders von der Tatsache erhellt, dass berühmte »Menschheitsverbesserer« wie Bertolt Brecht oder Karl Marx nicht gleichzeitig auch verlässliche Freunde oder Familienväter waren. Bei Idealismus handelt es sich um ein völlig anders geartetes Lebensmotiv als bei dem Familiemotiv oder dem Ehremotiv als den »üblichen Verdächtigen«, wenn es um moralische Fragen geht. Im Individualfall kann der Idealismus sehr stark motivieren, *ohne* dass dies auch für familiäre Beziehungen oder andere Loyalitäten gelten muss.

So tun beispielsweise manche Politiker für ihre Partei zwar alles – und folgen damit einem individuell stark ausgeprägten Ehremotiv –, sind gleichzeitig aber nur schwache Idealisten, wenn sie die Öffentlichkeit betrügen und ihre Partei bestehlen.

Schwach idealistisch motivierte Menschen sind das, was man als »Realisten« bezeichnet: Sie vermeiden es, in soziale oder humanitäre Bereiche involviert zu werden, die mit ihrem Leben nichts zu tun haben oder die ihnen keinen Vorteil bringen. Sie glauben, dass Ungerechtigkeit zum Leben gehört und dass man wenig daran ändern kann.

Beziehungen (Social Contact)

Schlüsselmotive: Streben nach Freundschaft, Nähe zu anderen, Humor
schwacher Pol: introvertierte Einzelgänger

Beziehungen meint das Streben nach Begegnung, Kontakt und Nähe mit anderen. Wird dieses Bedürfnis befriedigt, fühlt man Freude – bleibt es unerfüllt, fühlt man sich einsam. Dieses Motiv begründet alle unsere zwischenmenschlichen Handlungen.

Stark beziehungsorientierte Menschen interessieren sich für ihre Mitmenschen und verhalten sich meist umgänglich und sozialkompetent. Viele suchen dabei auch Spaß und Unterhaltung, einige von ihnen sind typische »Spaßvögel« und Gruppenunterhalter.

Schwache Beziehungstypen sind dagegen lieber allein und vermeiden öffentliche »Auftritte«. Sie gelten als ernste, verschlossene Menschen, die sich nicht um andere kümmern.

Evolutionäre Grundlagen: In der freien Wildbahn sind Tiere in ihrer Herde am besten geschützt (»Herdeninstinkt«).

Das Lebensmotiv Beziehungen bewegt uns, viel Zeit mit unseren Mitmenschen zu verbringen. Spaß und Freude haben zu wollen gehört mit dazu, denn Spaß ist etwas, das man primär gemeinsam mit anderen Menschen erlebt.

Die evolutionären Wurzeln liegen im »Herdentrieb«: Die Gruppe sorgt nicht nur für größeren Schutz, sie liefert auch »Spielkameraden«.

Stark beziehungsorientierte, gesellige Typen brauchen die Gesellschaft anderer wie die Luft zum Atmen – nur so können sie ein existenzielles Glücksgefühl erleben. Sie sind motiviert, auf andere Menschen zuzugehen, sie kennen zu lernen und Zeit und Energie für die Beziehungen aufzubringen. Viele halten es nicht aus, über längere Zeit allein zu sein. Wenn sie mit anderen Menschen zusammen sind, dann streben sie danach, die Freuden der Gemeinschaft oder Freundschaft auszukosten – wie es beispielsweise die vier Musketiere vormachen.

Schwach beziehungsorientierte Menschen können zwar Einzelgänger sein, sind aber nicht unbedingt schüchtern wie viele stark Anerkennungsmotivierte. Sie sind einfach glücklicher, wenn sie mit sich in Ruhe und Frieden leben können.

Beziehungen können jedoch wie alle anderen Lebensmotive auch als Mittel dienen. So suchen viele Menschen die Nähe anderer nicht aus Freude an Gesellschaft, sondern aus gänzlich anderen Beweggründen: Wer als Geschäftsmann einem Golf- oder Tennisclub beitritt, um die »richtigen« Leute kennen zu lernen und seine Karriere zu befördern, den motiviert sein Bedürfnis nach Macht. Es kann allerdings auch dazu dienen, andere zu beeindrucken und das eigene Prestige zu mehren: Kontaktpflege wäre in diesem Fall ein Mittel, um das Motiv Status zu bedienen.

Das Lebensmotiv Beziehungen liegt also nur dann vor, wenn man die Freundschaft und Nähe anderer Menschen einzig und allein aus Freude an ihrer Gesellschaft sucht.

Das für alle Lebensmotive geltende richtige Maß treibt auch die geselligsten Partylöwen dazu, hin und wieder einmal »abzuschalten« und beispielsweise bei einem Waldspaziergang mit sich allein zu sein. Ähnlich wird der extrovertierte, sozialkompetente Geschäftsmann nach einer Woche mit vielen Terminen, Gesprächen, Team-Meetings und Empfängen froh sein, wenn er im kleinen Park um die Ecke mit der Samstagszeitung allein sein und seinen Gedanken nachhängen kann. Umgekehrt spüren auch klassische »einsame Wölfe« dann und wann das Verlangen, die Nähe anderer zu erleben und mit ihnen gemeinsam Spaß zu haben (so gut es geht).[18]

Familie (Family)

Schlüsselmotive: Streben nach Familienleben und der Erziehung eigener Kinder

schwacher Pol: Familie und eigene Kinder sind nicht (notwendig) erwünscht

Familie meint das Streben, eigene Kinder zu erziehen. Wird dieses Bedürfnis befriedigt, fühlt man die Zufriedenheit elterlicher Liebe – bleibt es unerfüllt, fühlt man sich unruhig, nicht in der eigenen Mitte ruhend.

Der Wunsch nach Familie motiviert Menschen, viel Zeit mit ihren Kindern zu verbringen und deren Bedürfnisse oft über die eigenen zu stellen. Dieses Motiv der elterlichen Bindung an die Kinder ist ein anderes als die Beziehung der Kinder zu ihren Eltern, welches auf Ehre beruht.

»Familienmenschen« sind sehr auf ihre Kinder bezogen, während die schwach familienorientierten keine (eigenen) Kinder mögen – manche sind mit ihrer Elternrolle sogar so unglücklich, dass sie die Familie verlassen.

Evolutionäre Grundlagen: Elterntiere sorgen selbstlos für ihre Nachkommen, bis diese flügge werden und ihren eigenen Weg gehen können.

Das Lebensmotiv Familie ist im Grunde genommen das Verlangen, eigene Kinder zu lieben und großzuziehen.

Evolutionär zeigt sich dieses Verlangen in den bei allen Tieren zu beobachtenden väterlichen und mütterlichen Instinkten.

Gerade beim Motiv Familie zeigen sich die Ausprägungen sehr deutlich: Stark familienorientierte Menschen investieren viel Zeit, Kraft und Geld für ihren Nachwuchs oder ihr Heim. So werden sie beispielsweise ihre berufliche Karriere an der Familie orientieren und nicht umgekehrt: Wenn ihnen ein deutlich besserer Arbeitsplatz angeboten wird, der aber auf Kosten der Kinder ginge, verzichten sie lieber darauf. Dabei ist es für alle Familientypen charakteristisch, dass sie trotz aller familiären Belastungen, Einschränkungen und Opfer die Kindererziehung und die Familie als großes Lebensglück erfahren.

Schwach ausgeprägte Familienmenschen erleben ihre Elternrolle demgegenüber deutlich als Belastung und wünschen die Kinder häufig »zum Teufel« – häufiger, als ihnen selbst recht ist. Sie können mit diesen Gefühlen nur schlecht umgehen, und es gelingt ihnen kaum, richtige Freude oder gar Glück in der Kindererziehung zu erleben.

Viele schieben es auf ihre Arbeit, dass sie sich nicht so intensiv um den Nachwuchs kümmern können. Die meisten werden versuchen, sich durch alle möglichen Arten der Entlastung – Opa, Oma, Haushaltshilfen etc. – von den familiären Pflichten zu befreien.

Wenn solche Menschen ein relativ starkes Ehrmotiv haben, gleichen sie ihren mangelnden Hang zur Familie durch ihr Pflichtgefühl aus. Im Extremfall jedoch werden sie zu typischen Rabenmüttern oder -vätern, die ihre Familie verlassen.[19]

Status (Social Status)

Schlüsselmotive: Streben nach öffentlicher Aufmerksamkeit, Titeln, Reichtum
schwacher Pol: bescheiden, »unaufgeregt«

Status meint das Streben nach Aufmerksamkeit und Prestige. Wird dieses Bedürfnis befriedigt, fühlt man sich wichtig und bedeutend – bleibt es unerfüllt, fühlt man sich unbeachtet. Dieses Motiv begründet vor allem den Wunsch nach social standing und Reichtum, manchmal auch nach Ruhm und Reputation.
Menschen mit starkem Statusmotiv versuchen häufig, durch ihren prestigereichen Besitz besonderen Eindruck zu machen, sich mit berühmten Menschen zu umgeben oder sich bei wichtigen Anlässen zu zeigen.
Statusschwache Typen sind dagegen bescheiden.
Evolutionäre Grundlagen: Neugeborene bedürfen der Aufmerksamkeit ihrer Eltern zum Überleben.

Das Lebensmotiv Status bedeutet das grundsätzliche Verlangen nach Prestige. Bei Tieren drückt es sich als Verlangen nach Aufmerksamkeit aus: Neugeborene müssen die Aufmerksamkeit ihrer Eltern auf sich ziehen, um ihre existenziellen Bedürfnisse befriedigen zu können.

Wie stark Status die Menschen bewegt, zeigt ein beliebiger Blick in die Welt: Da trifft man auf die einschlägigen Zeitungen, die seitenweise über die Status-Welt der Reichen und der Schönen berichten – auf derartige Meldungen kann *keine* Zeitung verzichten –, auf »Chef-Parkplätze« in Unternehmen oder auf die Nachbarin, die mit ihren schicken Designerkleidern und dem (geleasten) Nobelcoupé ihre Umwelt beeindrucken möchte.

Stark statusmotivierte Menschen möchten immer »Aufsteiger« sein, reich werden oder Privilegien genießen, mit Titel oder Geld etwas darstellen. Ob sie dies schaffen oder nicht: Alle Statustypen lassen sich von Statussymbolen schwer beeindrucken, dem Leben der Reichen und der Schönen etwa und all dem, was irgendwie nach Luxus, Privilegien, social standing aussieht: Autos, Häuser, der eigene Gärtner, Kleidung, Geschenke usw.

Sie sind sehr auf ihre Reputation bedacht: Ihr guter Ruf und das, was andere von ihnen halten, sind ihnen besonders wichtig. Sie genießen die Aufmerksamkeit, die der Status ihnen verschafft: Er ist ein wichtiger Teil ihres Lebensglücks – manchmal sogar das einzige, alles andere bestimmende Glücksmotiv.

Je stärker das Statusmotiv, desto größer ist die Wahrscheinlichkeit, dass diese Menschen arrogant wirken – oder vielleicht auch sind – und von ihren Zeitgenossen für »Wichtigtuer« gehalten werden. Sie fahren teure Autos, obwohl diese kaum größeren Fahrkomfort als andere Modelle bieten: Entscheidend ist das höhere Prestige.

Im Gegensatz dazu sind die Statusschwachen geradezu bescheiden – sie leben völlig unberührt von allen Maßstäben, die das Dasein der Reichen und der Schönen so stark bestimmen. Neid ist dabei nicht im Spiel, solche Menschen lassen sie schlichtweg völlig gleichgültig. Reichtum, Status, Privilegien, Titel beeindrucken sie ebenso wenig, wie sie sich um ihren guten Ruf sorgen. In ihrer Bescheidenheit können manche sogar naiv oder etwas »weltfremd« wirken.[20]

Auch beim Status gilt das Prinzip der ausgleichenden Mitte: Im Allgemeinen suchen Statusorientierte ihr »Wichtigsein« gelegentlich durch statusschwache Bescheidenheit auszugleichen. Die Privilegierten werden mitunter etwas mehr von dem erleben wollen, was man als »einfach nur Mensch sein« bezeichnen könnte, während die »Demütigen« manchmal nach etwas mehr Prestige und Einfluss verlangen werden.

Rache (Vengeance)

Schlüsselmotive: Streben nach Konkurrenz, Kampf, Aggressivität, Vergeltung

schwacher Pol: ausgleichend, freundlich, friedliebend

Rache meint das Streben, zu gewinnen oder zumindest mit anderen »quitt« zu sein. Wird dieses Bedürfnis befriedigt, fühlt man sich bestätigt beziehungsweise rehabilitiert – bleibt es unerfüllt, fühlt man Ärger und Zorn.
Das Rachemotiv ist primär aggressiver Natur, dabei fördert es auch den Wettbewerb und die Konkurrenz mit anderen.
Stark ausgeprägtive Rachetypen sind aggressiv und neigen zu spontanen Wutausbrüchen. Sie können auch gemein, boshaft oder böse sein und spielen am liebsten das Spiel »Die anderen immer hinter sich lassen«.
Menschen mit schwachen Rachewerten zeigen dagegen ein freundliches, liebenswertes und friedlich-ausgleichendes Verhalten.
Evolutionäre Grundlagen: Um überleben zu können, müssen Tiere bereit sein zu kämpfen.

Besonders stark racheorientierte Menschen sind typische »Racheengel«; ihr Blut kocht gleichsam vor Wut oder Hass, wenn sie sich falsch behandelt fühlen. Menschen mit hohen Rachewerten sind meist schwierige Zeitgenossen, das Zusammenleben mit ihnen gestaltet sich nicht gerade leicht: Unter dem Schrei nach Vergeltung oder »Sieg« können sie jedes Beziehungs-, Familien- oder Betriebsklima vergiften. Und was noch hinzukommt: Rache wird um der Rache willen angestrebt – für viele ist Rache eben *kein* Mittel zum Zweck, sondern wird als intrinsisches, sich selbst genügendes Motiv erlebt.

Die evolutionären Wurzeln liegen in dem, was Charles Darwin als »survival of the fittest« bezeichnete: Tiere müssen den »Kampf ums Dasein« führen und in ihm bestehen können, um verteidigend oder angreifend überleben zu können.

Offensichtlich haben Rache und Aggression fundamentale genetische Grundlagen: So bestätigen etliche entwicklungspsychologische Studien, dass aggressive Kinder zu aggressiven Erwachsene werden und friedliebende Kinder zu friedliebenden Erwachsenen.[21]

Im Alltagsleben lauern Rachetypen immer auf Vergeltung. Sie sind gleichsam auf »Dauerempfang« geschaltet für alles, was in ihrer Umgebung nach Beleidigung oder Angriff aussehen könnte. Und wenn man ihnen etwas verwehrt, reagieren sie viel frustrierter und vor allem viel feindseliger als weniger racheorientierte Menschen. Wut- und Zornesausbrüche zählen zu ihren charakteristischen Verhaltensweisen.

Wie sehr Rache unser Leben bestimmen kann, wird vor allem in einer überindividuellen gesellschaftlichen und historischen Perspektive deutlich: vom biblischen »Auge um Auge, Zahn um Zahn« bis hin zu heutigen »Rachefeldzügen«.

Das Lebensmotiv der Rache wirkt nur in seiner Extremform destruktiv. In der gemäßigten Form als das, was man gemeinhin als fairen, »gesunden« Konkurrenzkampf bezeichnet, wird deutlich, dass die Motivkraft der Rache auch unser Wettbewerbsverhalten speist. Konkurrenz ist gewissermaßen ein friedlicher Weg, um sich zu behaupten und durchzusetzen – völlig gleichgültig, ob dies im (Wettkampf-)Sport, im Beruf oder im familiären Leben geschieht, wenn beispielsweise Geschwister miteinander rivalisieren. Oder vor Gericht: Viele Streitigkeiten werden von kultivierten Menschen in Prozessen ausgetragen, deren eigentlicher Beweggrund die Vergeltung ist.

Wenig racheorientierte Menschen sind dagegen friedlich: In ihren Beziehungen sind sie ausgleichend und wollen im Allgemeinen auch nichts von Konkurrenz oder Wettbewerb wissen. Um solche »Pazifisten« in Rage zu bringen, müssen schon ganz außergewöhnliche, brutale Dinge passieren.

Die ausgleichende Tendenz hin zur Motivmitte bringt auch racheorientierte Menschen dazu, in Richtung des »friedliebenden« Pols zu streben, wenn es ihnen zu viel geworden ist. Vor allem im Business gibt es viele »rachefähige« Menschen, die mit einem zu hohen Alltagsmaß an Aggression, Wut oder Konkurrenzkampf konfrontiert werden und dies durch betont höfliches, freundliches, »friedliches« Verhalten wieder ausgleichen. Gleichzeitig kennen auch Friedfertige das Verlangen, manchmal auf den Tisch zu hauen.

Eros (Romance)

Schlüsselmotive: Streben nach Sexualität, einem erotischem Leben, Schönheit

schwacher Pol: Askese, lust- und sinnenfeindlich

Eros meint das Streben nach Sexualität und Lust. Werden erotische Bedürfnisse befriedigt, fühlt man sich »lustvoll«, auch ekstatisch. Dieses Motiv umfasst aber auch das starke Bedürfnis, Schönheit und Ästhetik zu erleben. Starke Erotiker haben ausgeprägte sexuelle Fantasien und verbringen viel Zeit damit, ihre sexuellen Interessen zu verfolgen. Promiskuität kann dafür charakteristisch sein. Schwache Erotiker dagegen denken kaum an Sex und tendieren zu einem eher asketischen, freudlosen Lebensstil. *Evolutionäre Grundlagen*: Ohne Sexualität und Reproduktion wäre die Evolution undenkbar.

Die lebensbestimmende Kraft dieses Motivs ist offensichtlich: Sex und das Schöne spielen für jeden Menschen eine mehr oder minder wichtige Rolle: Mindestens 50 Prozent unserer Zeit, so eine Faustregel der Psychologen, sind wir mit entsprechenden Gedanken, Vorstellungen, Wünschen beschäftigt.

Evolutionär liegen die Wurzeln des Eros im Paarungs- und Zeugungsinstinkt. Wie das Balzverhalten verdeutlicht, wird auch in der Tierwelt das Sexuelle mit viel »ästhetischem« Aufwand und Hingabe an das Schöne inszeniert.

Beim Menschen ist auffällig, dass Erotiker nicht nur körperlich lustvoll leben wollen, sondern auch geistig: Sie haben ein ausgeprägtes Verlangen nach Alltagsästhetik, physischer Schönheit, Kunst, Musik usw. Reiss nennt das Lebensmotiv, das unser Verlangen nach Sexualität und Schönheit steuert, zwar »Romance«.

Angesichts der deutlichen empirischen Basis und der vielen kritischen Diskussionen über die Lebensmotive ist die angemessene Übertragung dieses Begriffs jedoch das Wort »Eros« oder »Erotik«, und zwar in genau dem Wortsinn, wie die Griechen diese göttliche Lebenskraft verstanden: »Eros ist Liebe zum Schönen«, heißt es beispielsweise im *Symposion*, dem großen Platonischen Dialog über den Eros, »er ist von Natur aus ein Liebhaber des Schönen.« Dabei wird deutlich, dass der Eros in seinem charakteristischen Verlangen nach Ganzheit eine Doppelnatur besitzt: Das körperlich-sexuelle Drängen ist mit dem Streben nach dem seelisch Schönen und Höheren untrennbar verknüpft: »Eros ist die Zeugung im Schönen, sowohl nach dem Leibe als nach der Seele.«[22]

Wir sollten das Lebensmotiv Eros daher nicht nur als sexuelle, sondern sehr bewusst auch als *erotische* Lebenskraft verstehen – nicht zufällig sprechen beispielsweise Künstler vom »Eros der Kunst«, weil das erotisierend Schöne des kreativen Schaffens und des Kunstwerks eine ebenso verlässliche wie unverzichtbare Glücksquelle ihres Leben ist. Das Gleiche gilt selbstverständlich auch für Naturwissenschaftler, die sich – zum Beispiel – dem »Eros der Physik« ergeben.

Schwache Erotiker sind Menschen, die ein in jeder Hinsicht unerotisches Leben führen. Sie sind Asketen, die allen körperlichen und geistigen Freuden nur wenig aufgeschlossen sind und die für sie eine untergeordnete Rolle spielen.

Die Tendenz zur goldenen Mitte und dem rechten individuellen Maß zeigt sich auch beim erotischen Leben. So wie sich selbst Casanova hin und wieder eine asketische »Auszeit« nahm, merken auch alle der Lust und dem Schönen zusprechenden Menschen, dass es manchmal ein Zuviel der Freuden ist und ein wenig Entsagung die Dinge wieder ins Lot bringt. Umgekehrt spüren auch Asketen mitunter einen gewissen Drang zum Schönen – unabhängig davon, wie glücksbringend sie ihn dann im Einzelfall aus- und erleben.

Essen (Eating)

Schlüsselmotive: Streben nach Nahrung, Freude am Essen
schwacher Pol: Essen als reine Nebensache

Essen meint das Streben, Nahrung zu konsumieren. Wird
dieses Bedürfnis befriedigt, fühlt man sich nicht nur körperlich satt, sondern auch psychologisch »gesättigt« – bleibt es
unerfüllt, fühlt man sich auch in diesem zweifachen Sinne
»hungrig«.
Menschen, bei denen das Lebensmotiv Essen stark ausgeprägt ist, haben einen großen Appetit. Die meisten essen gewissermaßen alles und denken häufig ans Essen.
Unter den Menschen, bei denen dieses Lebensmotiv schwach
ausgeprägt ist, findet man diejenigen, die sich selbst als »keine großen Esser« bezeichnen. Bei Nahrungsmitteln sind sie
eher wählerisch oder schwierig.
Evolutionäre Grundlagen: Essen ist lebensnotwendig.

Ähnlich wie bei der Sexualität reicht auch die Bedeutung des Essens für viele weit über die rein biologische Bedürfnisbefriedi-
gung hinaus: Starke Esser verbringen einen Großteil ihrer Zeit,
ihres Denkens und Strebens mit allem, was im engeren und weiteren Sinne mit Essen zu tun hat: »Mit jedem Geruch rieche ich
Essen«, zitiert Reiss einen ihm bekannten starken Esser, »mit jedem Blick sehe ich Essen. Manchmal scheint mir, dass ich Essen
sogar hören kann.«
Die »Antennen« starker Esser sind gewissermaßen auf Dauerempfang in Sachen Essen geschaltet, unabhängig davon, ob sie im
Einzelfall den (eher selteneren) Gourmets oder den Gourmands
zugeordnet werden können: den Genießern oder den »Fressern«.
Obwohl viele Menschen denken, dass Hunger ein biologisches

Bedürfnis sei, sind es *psychologische* Faktoren, die entscheidenden Einfluss darauf haben, wie hungrig wir uns fühlen. Ein verlockend zubereitetes Mahl oder ein leckerer Nachtisch können bei uns Hungergefühle erregen, auch wenn wir körperlich eigentlich gesättigt sind. Dagegen kann das Essen in einer Kantine oder in einer Universitätsmensa selbst einen gefräßigen Esser dazu bringen, seinen Appetit zu verlieren.

Auch unsere Gefühle haben Einfluss auf unseren Hunger: Manche Menschen verspüren das Bedürfnis zu essen, wenn sie erregt sind, unter Stress stehen, gelangweilt oder einsam sind.

Der Vergleich der Essgewohnheiten von normal- und übergewichtigen Menschen zeigt, dass die »Dicken« schneller essen und größere Bissen zu sich nehmen. Sie denken auch sehr viel öfter an Essen als unter- oder normalgewichtige Menschen.[23]

Körperliche Aktivität (Physical Activity)

Schlüsselmotive: Streben nach Fitness, Bewegung, den eigenen Körper zu spüren
schwacher Pol: faul, träge, »couch potato«

Körperliche Aktivität meint den Wunsch, seine Muskeln und Sehnen zu spüren und einzusetzen. Wird dieses Bedürfnis befriedigt, fühlt man sich »vital« – bleibt es unbefriedigt, ruhelos. Dieses Motiv treibt die Menschen zu körperlichen, vor allem sportlichen Aktivitäten an.

Im Bereich der stark ausgeprägten Motivwerte führen die Menschen einen charakteristisch aktiven Lebensstil, wobei sie auch darauf achten, wie sportlich andere sind. Im schwach ausgeprägten Bereich hat man sich dagegen dem Lebensmotto verschrieben: »Nur ein faules Leben ist ein schönes Leben.«

Evolutionäre Grundlagen: Körperlich starke und fitte Tiere sind im Überlebenskampf bevorteilt.

Wir sind für Bewegung geschaffen, und weil dies so ist, bereitet es vielen Menschen Spaß und Freude, sich körperlich zu betätigen. Egal, ob sie ihren Lieblingssport treiben, einfach nur spazieren gehen oder anstrengende Tätigkeiten in Beruf oder Hausarbeit ausführen: Immer werden sie Glücksgefühle erleben.

Auf der anderen Seite findet man die Inaktiven: Träge und meist als ausgesprochen faul geltende Zeitgenossen, die man (seit den 90ern) als »couch potatoes« bezeichnet. Das Glück der Bewegung scheint ihnen völlig fremd zu sein, und im Gegensatz zu den »Sportlern« vermeiden sie sorgfältig alles, was mit physischer Betätigung zu tun hat. Sie ziehen es vor, mit dem Auto zu fahren, wenn sie eigentlich laufen könnten, und sie sind überhaupt am liebsten zu Hause – einfach um sich nicht »unnötig« bewegen zu müssen.

Das Bedürfnis nach physischer Aktivität darf man nicht mit sportlichem Ehrgeiz oder körperlicher Begabung verwechseln: Nicht jeder, dem es einfach Spaß macht, Tischtennis, Volleyball, Golf zu spielen oder zu schwimmen, ist deswegen gleich reif für die Meisterschaft oder die Olympischen Spiele.

Für viele körperlich aktive Frauen und Männer sind physische Betätigung und Sport so wichtig, dass sie praktisch ihr ganzes Leben bestimmen. Diese Menschen bleiben bis ins hohe Alter fit – vorausgesetzt, sie betreiben ihren jeweiligen Sport zwar engagiert, aber im rechten Maß.

Bei den »Sportlern« muss man unterscheiden, ob sie ihren Sport aus reinen Wettkampfgründen betreiben – was machtmotiviert wäre – oder aus »Spaß an der Freude«. Wer sich dem Sport aus keinem anderen Grund als dem der erlebten Freude, dem intrinsischen Spaß an der Bewegung hingibt, für den ist physische Aktivität lebensmotiviertes Endziel oder -zweck. Profi-Sportler kennen diesen Zustand – der sie ja letztlich zu ihrem Beruf gebracht hat –, und so sprechen etwa Profi-Kicker davon, wieder ganz »ballgeil« zu sein.

Auch die Faulen mögen sich hin und wieder bewegen lassen, ihre Turnschuhe anzuziehen, um ein paar Runden zu drehen. Sie haben aber kaum richtige Freude daran, und meist hat es ihnen auch nur der Arzt verordnet, denn Sport gilt mittlerweile als einer der mächtigsten medizinischen Schutzfaktoren.

Ruhe (Tranquility)

Schlüsselmotive: Streben nach Entspannung, emotionaler Sicherheit

schwacher Pol: Stressunempfindlichkeit

Ruhe meint das Streben nach »emotionalem Frieden«. Wird dieses Bedürfnis befriedigt, fühlt man sich sicher – bleibt es unbefriedigt, ängstlich. Dieses Motiv macht die Menschen vorsichtig, um Befürchtungen, Ängsten und Schmerzen vorzubeugen oder um sie zu bewältigen.

Stark ruhebedürftige Menschen reagieren schnell ängstlich, sie machen sich viele Sorgen und können Schmerzen nur schwer ertragen.

Am anderen Pol findet man dagegen die Robusten, Mutigen und Abenteuerlustigen, Menschen, die Stress oft gar nicht vermeiden wollen, sondern unter Stress erst zur Hochform auflaufen.

Evolutionäre Grundlagen: Jede Vermeidung von Gefahr dient dem Überleben.

Ruhe ist das Lebensmotiv, das Menschen dazu treibt, alle Formen von Stress und Angst oder andere Störungen zu vermeiden.

Ihre evolutionären Wurzeln liegen in dem tierischen Instinkt, vor Gefahr zu fliehen und Sicherheit zu suchen.

Am schwachen Ruhepol findet man die Stresstypen: robust, mutig, risikobereit. Nichts kann sie ernsthaft erschüttern, »Druck« macht viele sogar erst richtig wach, ob sie nun im Beruf unter Stress zur Hochform auflaufen oder sich im Extremsport den richtigen »Kick« verschaffen.

Das Bedürfnis nach Ruhe motiviert aber gelegentlich auch die besonders Robusten, so dass selbst die allzeit Stressbereiten die völlige Stille der Zurückgezogenheit hin und wieder estimieren. Umgekehrt suchen Ängstliche dann und wann einmal ein wenig Aufregung.

Das Ruhemotiv beeinflusst in jeder individuellen Ausprägung das Leben entscheidend, die Berufswahl ebenso wie den gesamten Lebensstil. So werden die Ruhigen nur in einem mehr oder weniger stressfreien Beruf und Leben ihr Glück finden, während die Robusten gerade den anderen Weg gehen müssen: Ohne Aufregung, Stress und Rummel wäre das Ganze für sie nicht lebenswert.

Dieses Lebensmotiv bestimmt auch, wie viel Toleranz und »Nehmerqualitäten« man gegenüber Angst, Stress und Schmerzen besitzt. Wie die Forschung zeigt, sind besonders ruhebedürftige Menschen häufig ängstlich und (über-)vorsichtig. Da sie Stress im Allgemeinen nicht besonders gut vertragen, leiden sie häufig unter Angststörungen, greifen zu Alkohol oder Tabletten. Im Grunde genommen zeigt das Lebensmotiv der Ruhe, welche Angstsensibilität ein Mensch hat.[24]

Zusammenfassung

In den beiden folgenden Tabelle können Sie sich nochmals die wichtigsten Binnenstrukturen und Bedeutungen der Lebensmotive im Überblick vor Augen führen: Tabelle 1 zeichnet ein Bild der Motivtypen und ihrer Charakteristika im Alltag, Tabelle 2 vermittelt einen Gesamtüberblick.

Motiv	Stark ausgeprägter Typ (grün)	Schwach ausgeprägter Typ (rot)
Macht	Übt gern Autorität aus, übernimmt Führungsrollen, genießt es, über andere zu bestimmen oder sie zu kontrollieren. Ist oft willensstark, ehrgeizig, leistungsmotiviert.	Will andere nicht beeinflussen, gibt ihnen selten Ratschläge oder Anweisungen und hat auch andere Menschen nicht gerne unter sich. Manche ziehen es sogar vor, von anderen geführt und angeleitet zu werden. Handelt eher personen- als leistungsorientiert. Nimmt Leistungs- oder Erfolgssituationen oft nicht wahr.
Unabhängigkeit	Legt hohen Wert auf Autonomie. Neigt dazu,die Dinge allein und auf seine Weise zu tun, und widersteht dem Wunsch, Hilfe anzunehmen, besonders dann, wenn er die Dinge selbst machen kann. Schätzt seine eigenen Ideen meist mehr.	Findet es angenehm und beruhigend, wenn er sich auf andere verlassen kann. Sucht die gegenseitige Abhängigkeit (Interdependenz) und hat einen starken Wunsch nach Teamwork. Manche fühlen sich unwohl, wenn sie Dinge selbst machen müssen.
Neugier	Ist bei allen intellektuellen, kognitiven oder geistigen Fragen des Lebens hoch motiviert, mag intellektuelle Aktivitäten wie anregende Gespräche, Lesen,	Hat eine Abneigung gegen intellektuelle Betätigungen jeglicher Art. Denkt nicht gern über grundlegende Dinge nach und fragt auch kaum. Zwar kann er

Motiv	Stark ausgeprägter Typ (grün)	Schwach ausgeprägter Typ (rot)
	Schach, Bridge, Reisen. Manche sind Wahrheitssuchende, und viele lieben es, Zeit zum Denken zu haben.	ein Problem analysieren oder etwas genauer in Erfahrung bringen, doch dies ist für ihn nur ein Mittel zum Zweck: Er tut es nicht aus Spaß an der Neugier oder dem Wissen.
Anerkennung	Überempfindlich gegenüber Kritik, Zurückweisung oder eigenem Versagen. Setzt sich gern leicht erreichbare Ziele, um ein Scheitern von vornherein möglichst zu vermeiden. Als Mensch mit wenig Selbstbewusstsein neigt er dazu, Konflikte zu vermeiden. Oft widerstrebt es ihm, sich zu behaupten, wenn andere ihn übervorteilen.	Ist selbstbewusst und behauptet sich gerne. Bringt seinen Ärger oder Zorn zum Ausdruck, wenn es der Situation angemessen ist. Viele können konstruktiv mit Kritik umgehen, ohne überzureagieren, manche nehmen milde Kritik oder Kränkung gar nicht wahr.
Ordnung	Möchte alles organisieren und Regeln aufstellen, wobei er besonders auf Details achtet. Da er sich in allen zwei- und mehrdeutigen Situationen unwohl fühlt, zieht er ein stabiles, berechenbares Umfeld vor. Ist oft ein »Gewohnheitstier« und hat mitunter eine Vorliebe für Rituale. Hat oft das Gefühl, dass Dinge außer Kontrolle sind, wenn Zeit- oder Arbeitspläne nicht eingehalten oder Vorschriften flexibel interpretiert werden. Ihm fällt sofort auf, wenn ein Zimmer unaufgeräumt oder unordentlich ist.	Verabscheut organisieren und planen. Ist flexibel, offen und tolerant gegenüber ungewissen oder vieldeutigen Situationen. Wenn seine Umgebung zu sehr geordnet oder von Regeln bestimmt ist, fühlt er sich leicht unbehaglich oder kontrolliert. Hasst es, sich an Vorschriften zu halten, Formulare auszufüllen oder Dinge stets nach dem gleichen Schema zu machen. Achtet oft nicht auf Details. Hält Ordnung und Sauberkeit für unwichtig oder »spießig« und merkt oft nicht einmal, wenn seine Wohnung unaufgeräumt ist oder Gegenstände verlegt sind. Manche neigen zu Schlam-

Motiv	Stark ausgeprägter Typ (grün)	Schwach ausgeprägter Typ (rot)
		pigkeit, einige sind das, was man »desorganisiert« nennt.
Sparen	Hebt gern Dinge auf oder sammelt sie. Manche trennen sich nur ungern von ihren »Schätzen«, was es auch sei, von der alten Kiste der Oma bis zu den kleinsten Tapetenresten von der letzten Renovierung. Meist genügsame Menschen.	Hat keinen Spaß daran, Dinge aufzuheben oder zu sammeln. Genügsamkeit hat für ihn keine hohe Bedeutung, er ist lieber großzügig. Manche neigen aber zu Verschwendung.
Ehre	Findet es wichtig, moralisch zu handeln, ist dabei sehr prinzipienfest und kodexorientiert. Viele sind traditionsbewusst und legen großen Wert auf Loyalität, sei dies Patriotismus oder Verbundenheit mit der eigenen (ethnischen) Gruppe. Oft sehr selbstdiszipliniert.	Handelt zweckrational und zweckmäßig. Hält es für richtig, alles zu tun, um eine wichtige Aufgabe zu beenden. Manche glauben, dass jeder mehr oder weniger auf sich selbst bedacht ist. Ärgert sich schnell, wenn andere ihm mit selbstgerechtem, moralischem Verhalten begegnen. Obwohl er oft nur ungern sein Wort nicht hält oder »fünf gerade sein« lässt, hält er dies für notwendig, um weiterzukommen.
Idealismus	Sensibel für soziale oder politische Fragen. Engagiert sich politisch, karitativ oder sozial: Legt größeren Wert als die meisten anderen Menschen auf humanitäre Belange und Gerechtigkeit.	»Realist«: Vermeidet es, in soziale oder humanitäre Bereiche involviert zu werden, die mit seinem Leben nichts zu tun haben oder ihm keinen Vorteil bringen. Glaubt, dass Ungerechtigkeit zum Leben gehört und man wenig/nichts daran ändern kann.

Motiv	Stark ausgeprägter Typ (grün)	Schwach ausgeprägter Typ (rot)
Beziehungen	Streben hin zu Geselligkeit. Mag Partys/Feste, Smalltalk und knüpft gern Kontakte, pflegt Freundschaften und wünscht sich ein aktives Gesellschaftsleben. Anderen gegenüber meist aufmerksam, nimmt Anteil an ihrem Leben. Hat gern Spaß und Freude, hat viel Humor und ist meist gut gelaunt.	»Eigenbrötler«, der gern zurückgezogen lebt und seine Zeit in aller Ruhe mit sich selbst verbringt. Manche sind anderen gegenüber achtlos, was oft den Eindruck erweckt, dass sie sich nicht für sie interessieren. Fängt selten ein Gespräch an. Ist auf wenige enge Freunde konzentriert, schließt nur ausnahmsweise neue Freundschaften. Wirkt oft ernst.
Familie	Ihm gehen seine Kinder über alles: Er liebt sie nicht nur, sondern verbringt auch einen Großteil seiner Zeit mit ihnen. Eine Familie zu haben ist für ihn der Inbegriff von Glück.	Empfindet die Pflichten des Elterndaseins eher als Last denn als Freude. Hat zwar Schuldgefühle, dass er seinen Kindern nicht mehr Aufmerksamkeit schenkt, was aber kaum dazu führt, dass er mehr Zeit für die Erziehung der Kinder aufwendet. Meist will er keine Kinder.
Status	Fühlt sich zu allem hingezogen, was prestigeträchtig ist. Reichtum und hoher sozialer Status bedeutet ihm viel: Er schätzt es, in einer vornehmen Gegend zu wohnen, teure Autos zu fahren oder »hip« gekleidet zu sein. Ist leicht mit Ruhm, Prominenz oder anderen Statusinsignien zu beeindrucken, etwa Titel oder berühmte Familiennamen. Ist sehr darauf bedacht, andere zu beeindrucken. Sein Ruf ist ihm sehr wichtig.	Legt großen Wert auf Bescheidenheit und Demut. Zieht es vor, sich unauffällig zu kleiden, preiswerte Autos zu fahren und bescheiden zu wohnen, oft selbst dann, wenn er sich teurere Dinge leisten könnte. Manche achten nicht einmal darauf, welche Stellung im Leben andere bekleiden. Reichtum und Ruhm lassen ihn unbeeindruckt.

Motiv	Stark ausgeprägter Typ (grün)	Schwach ausgeprägter Typ (rot)
Rache	Hat ein sehr stark ausgeprägtes Bedürfnis, sich im Wettbewerb durchzusetzen. Manche neigen zu Aggressivität oder Wutausbrüchen, die sie nur schwer beherrschen können. Geht einem Streit oder Konflikt kaum aus dem Weg. Mitunter neigt er dazu, sich einfach um des Streitens willen zu streiten, aus purer Lust an der Auseinandersetzung.	Streitet sich nur ungern mit anderen und »schlägt« nur widerwillig zurück, wenn er angegriffen wird. Geht Konflikten lieber aus dem Weg oder versucht zu vermitteln. Es widerstrebt ihm, mit anderen im Wettstreit zu stehen – das Prinzip Kooperation liegt ihm weit mehr. Kann seine Wut meist beherrschen, verbergen oder unterdrücken. Oft ein freundlicher Mensch, der nur schwer aus der Ruhe zu bringen ist.
Eros	Ist dem erotischen Leben ergeben und hat einen stark ausgeprägten Sexualtrieb. Bringt mehr Zeit und Energie für Sex auf als andere. Sehr viele sind zugleich außergewöhnlich empfänglich für Schönheit und Kunst.	Asket, der nicht sonderlich an den sinnlichen Aspekten des Lebens interessiert ist – bringt weder für Sex noch Schönheit viel Zeit und Energie auf.
Essen	Hat einen großen Appetit. Denkt oft ans Essen, kocht meist gern oder stellt Gerichte für besondere Anlässe zusammen.	Kein großer Esser. Denkt selten an Essen. Kochen oder das Planen von Mahlzeiten gehört nicht zu seinen liebsten Beschäftigungen.
Körperliche Aktivität	Muss sich »spüren«, regelmäßig sportlich betätigen und legt großen Wert auf Fitness, Kondition und Vitalität. Viele körperlich aktive Menschen nehmen gern an sportlichen Wettkämpfen teil oder gehen regelmäßig in Fitness-Clubs.	»Couch potato«: Präferiert einen geruhsamen Lebensstil, besonders wenn er älter wird. Seine mangelnde Freude an körperlicher Bewegung führt oft zu Gewichtsproblemen. Manche inaktiven Menschen trainieren zwar regelmäßig, aber allenfalls aus gesundheitlichen Gründen.

Motiv	Stark ausgeprägter Typ (grün)	Schwach ausgeprägter Typ (rot)
Ruhe	Stressempfindlich und häufig von Sorgen bedrückt. Verhält sich oft so, als sei Vorsicht die bessere Tapferkeit. Empfindet das Leben als anstrengend, beunruhigend. Manche entwickeln deutlich mehr Ängste als die meisten anderen Menschen und neigen zu Panikattacken.	Der »Unerschrockene« ist robust, stress- und angstunempfindlich. Er zerbricht sich selten den Kopf über gesundheitliche oder andere Gefahren. Oft unternehmungs- und abenteuerlustige Typen, die gern Risiken eingehen. Viele fühlen sich in Stresssituationen – »unter Druck« – besonders wohl.

Tab. 1: Übersicht über die wichtigsten Binnenstrukturen der einzelnen Lebensmotive (»grün« und »rot« beziehen sich auf die farbliche Darstellung der beiliegenden Motivtypen in der Motiv-Profil-Graphik)

Lebensmotiv	Endziel	Verhalten	Emotion	evolutionäre Grundlage
Macht	Einfluss, Erfolg, Führung, Kompetenz	Führerverhalten, Erfolgsstreben	Kompetenz, Einfluss	Dominierende Tiere verdrängen andere beim Fressen
Unabhängig-keit	Freiheit, Autonomie, Ich-Integrität	Selbstbestimmung	Freiheit	»Nestflucht«, flügge werden
Neugier	Wissen, Wahrheit	Problemlösung, »Wahrheitssuche«	staunen, »sich wundern«	Terrain-Erkundung, neue Reize
Anerkennung	positives Selbstbild	bestätigend (devot)	Selbstvertrauen	unklar
Ordnung	Reinlichkeit, Stabilität, Organisation	Sauberkeit, Regeln, (zwanghafte) Perfektion	Sicherheit, Stabilität	Hygiene, Fellpflege
Sparen	sammeln, Besitz	sammeln, Sparsamkeit	»haben wollen«, Besitzerstolz	horten, Vorräte
Ehre	Moralität, Charakter, Loyalität	prinzipiengesteuert, moralische Regeln, Kodex	Loyalität	bei der Herde bleiben (Angst, »angestarrt« zu werden)
Idealismus	Fairness, Gerechtigkeit	sozial orientiert, Fairness, Gerechtigkeit	Mitgefühl, Gerechtigkeitssinn	»Altruismus«

Beziehungen	Freundschaft, Spaß	Partys/Feste/Klubs, gesell-schaftliche Organisationen	Zugehörigkeit, Geborgenheit	Herdeninstinkt
Familie	Kinder	Elternschaft, ein Heim schaffen	Liebe	mütterliche/väterliche Instinkte
Status	Wohlstand, Titel, Aufmerksamkeit	(guten) Ruf pflegen, vorzeigen	Überlegenheit, Wichtigsein	(elterliche) Aufmerksamkeit hilft, um zu überleben
Rache	»Sieg«, Aggression	Vergeltung, Kampf	Wut, Hass	Aggression
Eros	Sexualität, Schönheit	Sexualität, Erotik, Kunst	Lust, Körperlichkeit	Sexualität ist evolutionäres Muss
Essen	Nahrung, Speisen, Jagd	essen, kochen, »tafeln«	Hunger	Jagdinstinkt
Körperliche Aktivität	Fitness	Körper spüren, Sport	Lebenskraft	die stärksten Tiere überleben
Ruhe	Entspannung, Sicherheit	Stressvermeidung	Sicherheit, »Frieden«	Gefahren vermeiden

Tab. 2: Übersicht über die Grundlagen der 16 Lebensmotive

Fragen Sie sich selbst!

Machen Sie sich nun selbst mit der Bedeutung der Lebensmotive vertraut. Versuchen Sie, so gut es geht, in ihre jeweiligen »Sinnsphären« einzutauchen und sie auf Alltagshandlungen zu übertragen – so, wie Sie es selbst erfahren, und so, wie Sie es bei anderen wahrnehmen.

Lassen Sie sich von der vermeintlichen Mühe nicht abhalten – sobald Sie mit der »Arbeit« in eigener Lebensmotiv-Sache begonnen haben, ist sie sehr viel einfacher, als sie zunächst aussieht.

Frage 1: Wie verstehen Sie die jeweiligen Lebensmotive? Benennen Sie konkrete Alltagsziele.

Das Lebensmotiv Macht zum Beispiel kann sich im Berufsalltag konkret so äußern, dass man auf die Arbeitsvorgänge in seiner Abteilung großen Einfluss zu gewinnen sucht, während Neugier alle Hobby-Philosophen oder -Historiker so stark motiviert, dass sie auch weite Lesewege oder die Lektüre umfassender Werke nicht scheuen. Ähnlich werden sich Ordnungsfanatiker kaum wohl fühlen, wenn sie sich vor einem Einkauf, Fest oder Urlaub nicht einen genauen Überblick über all das verschaffen können, was da auf sie zukommt.

In diesen Fällen wären als konkrete Alltagsziele zu den Lebensmotiven Macht, Neugier und Ordnung zu notieren:
Macht: die Abteilung beeinflussen oder kontrollieren
Neugier: mich mit anspruchsvoller Literatur beschäftigen
Ordnung: Listen anfertigen

Macht: _____

Unabhängigkeit: _____
Neugier: _____

Anerkennung: _____

Ordnung: _____

Sparen: _____

Ehre: _____

Idealismus: _____

Beziehungen: _____

Familie: _____

Status: _____

Rache: _____

Eros: _____

Essen: _____

Körperliche Aktivität: _____

Ruhe: _____

95

Frage 2: Welche typischen Situationen fallen Ihnen zu diesen übergeordneten Lebenszielen ein?

Eine typische Alltagssituation bei Ordnungsliebenden ist etwa die Aufforderung an den Gast, doch vor dem Betreten der Wohnung die Schuhe auszuziehen oder zumindest ordentlich zu reinigen. Das ist alles andere als eine Brüskierung oder Demütigung, sondern drückt lediglich aus, dass sich der Gastgeber nur in einem sauberen, geordneten Ambiente wohl fühlt.

In diesem Beispiel wäre also »die Bitte, die Schuhe vor dem Eintreten auszuziehen« eine typische, von einem übergeordneten Lebensziel (hier: Ordnung) her begründete Situation.

Macht: _____

Unabhängigkeit: _____

Neugier: _____

Anerkennung: _____

Ordnung: _____

Sparen: _____

Ehre: _____

Idealismus: _____

Beziehungen:	
Familie:	
Status:	
Rache:	
Eros:	
Essen:	
Körperliche Aktivität:	
Ruhe:	

Frage 3: Welche Bilder, Metaphern, Sprichwörter oder Weltbilder kommen Ihnen bei solch typischen Verhaltensweisen in den Sinn?

Zum Beispiel: Ein vom Lebensmotiv Neugier bestimmter Menschen könnte nach der Prämisse »Die Welt ist ein Buch« handeln, wer dagegen stark von Anerkennung getrieben wird, auf den könnte die Metapher »Die Welt ist eine Bühne« zutreffen, oder wer sehr nach Unabhängigkeit strebt, könnte das Sprichwort »Jeder ist seines Glückes Schmied« als Lebensmotto haben.[25]

Macht:

Unabhängigkeit:
Neugier:

Anerkennung:

Ordnung:

Sparen:

Ehre:

Idealismus:

Beziehungen:

Familie:

Status:

Rache:

Eros:

Essen:

Körperliche Aktivität:

Ruhe:

98

Frage 4: Was glauben Sie: Wie stark beeinflussen diese Motive Ihr eigenes Leben?

Urteilen Sie und notieren Sie ein + für stark, ein − für schwach oder eine 0 für durchschnittlich (weder wichtig noch unwichtig).

Macht:

Unabhängigkeit:

Neugier:

Anerkennung:

Ordnung:

Sparen:

Ehre:

Idealismus:

Beziehungen:

Familie:

Status:

Rache:

Eros:

Essen:

Körperliche Aktivität:

Ruhe:

Frage 5: Nennen Sie einige typische Situationen oder Beispiele, in denen Sie von Ihren besonders stark ausgeprägten Lebensmotiven angetrieben werden!

So wird zum Beispiel der seinen Lauf liebende, stark körperlich Aktive auch losziehen, wenn das Wetter viele andere in der warmen Stube hält, während der typische Sammler selbst dann den Sperrmüll ignoriert, wenn sein Keller kaum noch begehbar geworden ist.

Macht:

Unabhängigkeit:

Neugier:

Anerkennung:

Ordnung:

Sparen:

Ehre:

Idealismus: _____

Beziehungen: _____

Familie: _____

Status: _____

Rache: _____

Eros: _____

Essen: _____

Körperliche Aktivität: _____

Ruhe: _____

Ihre Antworten können Sie in der folgenden Tabelle nochmals übersichtlich zusammenfassen.

Lebensmotiv	allgemeine Bedeutung »Teilmotive«	typische Situationen
Macht		
Unabhängigkeit		
Neugier		
Anerkennung		
Ordnung		
Sparen		
Ehre		
Idealismus		
Beziehungen		
Familie		
Status		
Rache		
Eros		
Essen		
Körperliche Aktivität		
Ruhe		

harakteristische Bilder, Metaphern, Sprichwörter	persönliche Bedeutung + für »stark« – für »schwach« 0 sowohl als auch/weder noch	persönliche Beispiele, Situationen

Auf der Suche nach dem 17. Lebensmotiv: Was alles fehlt

Sind die 16 Lebensmotive der Weisheit letzter oder doch nur vorletzter Schluss? Gibt es noch ein 17. Lebensmotiv – oder gar ein 18. und 19.?

Steven Reiss ist es sich als Wissenschaftler schuldig, die Frage offen zu lassen: Es sei natürlich nicht ausgeschlossen, meinte der Psychologe in einem Gespräch mit den Autoren, »aber im Grunde genommen halte ich die Suche danach für nicht sehr Erfolg versprechend.« Tatsächlich hat das Reiss-Profil alle bisherigen, auch massiven Kritiken unbeschadet überstanden. Das Konzept der Lebensmotive wurde vielmehr gestärkt.

Beim ersten Lesen fragen sich wohl alle – interessierte Laien wie Experten –, ob diese Liste tatsächlich vollständig ist. Dabei wird jedem irgendetwas Wichtiges einfallen, was er zunächst nicht findet. Hier die häufigsten Einwände.

1. Das Streben nach Gott und Religion?
2. Das Streben nach Geld?
3. Das Streben nach Freiheit?
4. Das Streben nach Schutz?
5. Das Streben nach Glück?
6. Der Überlebenswille?

Der folgende Überblick zeigt, wie diese Kritik zu entkräften ist:

1. Das Streben nach Gott und Religion

Obwohl religiöse Motive und Werte das Leben vieler Menschen stark bestimmen, ist Religiosität *kein Lebensmotiv: Es gibt kein einzelnes, isoliertes religiöses Motiv* – obwohl viele Menschen in einem Gott geweihten Dasein den Sinn ihres Lebens erkennen und ihr Handeln oft sehr fundamental religiös orientieren. Natürlich sind Religion und Spiritualität mächtige »Beweggründe« menschlichen Handelns, aber sie sind kein »Endzweck«. Was paradox zu sein scheint, klärt sich schnell auf: Bei genauerem Hinsehen erfüllen beinahe alle Lebensmotive religiöse Bedürfnisse. Und die jeweiligen Gottesbilder der unterschiedlichen Weltreligionen haben seit jeher die meisten der 16 menschlichen Grundbedürfnisse befriedigt: Wie beispielsweise der allmächtige Gott das Machtmotiv erfüllt, wird der gerechte Gott dem persönlichen Idealismus oder der Allwissende dem Neugiermotiv gerecht usw. Es gibt zwar viele religiöse Teilmotive, aber alle basieren auf den Lebensmotiven.

Religiöse Vorstellungen und »Gottesbilder«	Korrespondierende Lebensmotive
Götter, die das Universum geschaffen haben – »der Allmächtige«	Macht
vollkommene Götter – sie sind ihr eigener »Seinsgrund«	Unabhängigkeit
allwissende Götter	Neugier
Götter, die den Weg zur Erlösung zeigen	Anerkennung
Götter, die Ordnung im Chaos schaffen	Ordnung
Götter von perfekter Moral	Ehre
Götter von perfekter Gerechtigkeit	Idealismus
Familien-Götter – göttliche Familie/Gott, Sohn und Vater	Familie
perfekte Götter	Status

Kriegsgötter	Rache
Fruchtbarkeitsgötter	Eros, Essen
Götter von kosmischer Harmonie ewiges Leben	Ruhe

Die Übersicht verdeutlicht noch einmal: Da alle religiöse Teilmotive im System der Lebensmotive integriert sind, gibt es kein unabhängiges, isoliertes Religionsmotiv. Auch die psychologische Forschung bestätigt, dass die Annahme eines einzelnen, übergreifenden Religionsmotivs irrig ist. So wie schon William James Anfang des letzten Jahrhunderts davon überzeugt war, dass es für die unglaubliche Vielzahl individueller religiöser Erfahrungen keinen kleinsten Nenner gebe, zeigt die empirische Religionspsychologie, dass Menschen aus sehr unterschiedlichen Gründen glauben.

Lebensmotivisch ausgedrückt: Da jeder Mensch sein eigenes Motiv- und Werteprofil besitzt, gestaltet er auch sein spirituelles und religiöses Leben einzigartig. Zum Beispiel wird ein Mensch mit einer starken Ausprägung der Lebensmotive Unabhängigkeit, Idealismus und Familie den spirituellen Mystizismus (Lebensmotiv: Unabhängigkeit), die soziale Botschaft (Idealismus) und die religiösen Werte der Familie als sinnvoll erfahren und sie in seiner Weise erfüllen.

Demgegenüber wird sich ein Mensch mit den ausgeprägten Lebensmotiven Neugier, Ruhe und Ordnung andere religiöse Inhalte suchen und als sinnvoll erfahren: die philosophischen-»wissenschaftlichen« Grundlagen der Theologie (Neugier), das Versprechen eines Lebens nach dem Tod (Ruhe) und die Befolgung strenger religiöse Riten und Rituale (Ordnung).

Bei genauerem Hinsehen also schwächt das vermeintliche Fehlen von Religion die Theorie der Lebensmotive nicht, sondern stärkt sie viel eher: Die Tatsache, dass seit jeher alle religiösen Systeme sehr viele Willens-, Denk- und Handlungsperspektiven abdecken, die nun in den Dimensionen der Lebensmotive beschrieben werden können, spricht dafür, dass die Lebensmotive tatsächlich fundamentale Seinsgrößen oder menschliche Universalien sind.

2. Das Streben nach Geld

Das Streben nach (viel) Geld ist mit den Lebensmotiven bereits völlig abgedeckt: Das intrinsische, beglückende Verlangen nach Wohlstand und Reichtum fällt entweder unter Status oder Sparen – je nach individueller Ausprägung.

3. Das Streben nach Freiheit

Ist per Definition durch das Lebensmotiv Unabhängigkeit abgedeckt.

4. Das Streben nach Schutz

Das Bedürfnis nach Schutz zählt nicht zu den Lebensmotiven, weil es psychologisch das Alltagsleben kaum bestimmt und menschliches Verhalten wenig motiviert. Schutz ist zum Beispiel für die interpersonale Kommunikation, die Partnerschaft, die Eltern-Kind-Beziehung, die Karriereberatung, die Spiritualität oder für psychische Störungen nicht von Bedeutung. Das Verlangen nach Schutz ist für den Biologen von größerer Relevanz als für den Psychologen.

5. Das Streben nach Glück

Wie bereits erwähnt, ist das hedonistische Glücksstreben *kein* Lebensmotiv. Dazu muss man »Glück« richtig verstehen: Wenn man wie Reiss in Anlehnung an die Prämissen der klassischen antiken »Glücksdenker« Aristoteles oder Epikur zwischen einem zufälligen »Wohlfühlglück« und einem »Werteglück« unterscheidet, wird auch das logische Missverständnis deutlich, das vielen motivationspsychologischen Modellen zugrunde liegt.[26] Viel zu viele wichtige menschliche Verhaltensweisen werden nicht von dem Streben nach Glück motiviert. Die bis zur Erschöpfung arbeitenden New Yorker Rettungseinheiten nach den Anschlägen vom 11. September 2001 waren sicher hoch motiviert – aber nicht, weil sie »fun« und Spaß haben wollten. Ähnliches gilt, wenn Krankenschwestern Tag für Tag ihren an sich wenig Freude bereitenden Dienst an Kranken oder Sterbenden tun oder wenn wir Blut spenden – wir sind für solche und unzählige andere wichtige, sinnvolle Handlungen unseres Leben praktisch nie »hedonistisch« motiviert.

»Wohlfühlglück« ist zufällig. Wenn man sich auf einer Party amüsiert, einen schönen Urlaubstag oder ein Glas Wein genießt, sind dies angenehme Erfahrungen, die zum Leben dazugehören. Dieses Zufallsglück unterscheidet sich aber absolut vom Werteglück, da nur dieses dem Leben Sinn verleiht: Wenn wir Bilanz ziehen, ob wir mit unserem Leben glücklich und zufrieden sind, werden wohl nur die wenigsten die Partys, Urlaubstage oder Gläser Wein ihres Lebens zum Maßstab machen.

Das wirkliche, übergeordnete Lebensglück ist werteorientiert, und dieses Werteglück gründet in den 16 Lebensmotiven. Glück und Zufriedenheit sind Nebenprodukte, die »anfallen«, wenn wir erreichen, was wir wirklich wollen – sie sind aber nie selbst das Ziel. Nur diejenigen erfahren ein überdauerndes, tiefes und erfüllendes Glück, die ihre wahren Motive und Lebensgründe kennen und sich von ihnen durchs Leben tragen lassen. Daher steht das wirkliche Glück auch jedem Menschen offen: völlig unabhängig von Reichtum, Status oder Attraktivität hat jeder die gleichen Chancen, sein Leben an den Werten zu orientieren, die es bedeutungsvoll machen.

6. Überlebenswille

Auch der häufig als absolut gedachte (neo-)darwinistische »Überlebenswille« führt in eine motivationspsychologische Sackgasse. Der Lebenswille ist nämlich immer nur ein Mittel, um den höheren Zweck eines Werteglücks zu erreichen. »Überleben zu wollen ist eine Wahl«, betont Reiss nachdrücklich, »und kein biologischer Imperativ, den uns unsere Gene diktieren.«

Das Leben ist nicht der Zweck unseres Daseins, sondern es ermöglicht uns, das zu erreichen, was uns wertvoll ist. Wie bei den religiösen Motiven ist auch der Wille zum Leben kein eigenes, unabhängiges Motiv, sondern stark von anderen fundamentalen Werten beeinflusst. Wie beispielsweise die Überlebenden der Konzentrationslager berichten, haben sie diese Zeit nicht überstanden, weil sie einem »biologischen Instinkt« zum Überleben gefolgt wären. Sondern sie haben überlebt, weil sie sich Werte bewahren konnten und von Lebensmotiven getragen wurden, die ihnen das Leben trotz aller Grausamkeit sinnvoll machten. Zum Beispiel:

- anderen zu helfen (Lebensmotiv Idealismus)
- die Hoffnung auf ein Wiedersehen mit den Kindern und der Familie (Familie)
- der Sinn für die Schönheit der Natur (Eros)
- der Wille, das Unentdeckte noch zu finden, das Unerforschte noch zu ergründen und das Ungeschriebene noch zu formulieren (Neugier).[27]

7. Einzelkritiken

Manche glauben nicht, dass Sexualität mit Schönheit zusammenhängt oder konkurrentes Verhalten mit Rache und Aggressivität zu tun hat, sondern mit dem Statusmotiv.

An diesen und vielen, vielen anderen Einzelbeispielen wird
deutlich, dass sich die Kritiker nicht richtig mit der Theorie und
dem Motiv-Profil von Steven Reiss beschäftigt haben – was Reiss
auch vielen Fachkollegen vorwirft.[28]
Für alle diese Einzelkritiken gilt, dass dabei meist übersehen
wird, dass Lebensmotive *keine* Mittel zum Zweck sind, sondern
Verhaltensweisen, die sich selbst genügen. So kann Konkurrenz
natürlich ein Mittel sein, um seinen Status zu verbessern – für die
Definition des Statusmotivs an sich ist dies aber unwichtig. Die
entscheidende Frage, ob die Freude am Wettbewerb immer mit
innerer Freude am Status zusammenhängt, muss man verneinen.

Viele unserer Alltagshandlungen sind, so betrachtet, von irgendwelchen Motiven A bestimmt, die als Mittel zum Zweck B
dienen. Bei genauerem Hinsehen sind jedoch die übergeordneten höheren Zweckmotive B die 16 Lebensmotive.

Den Unterschied zwischen Motiven als Mittel beziehungsweise
als Zweck lässt sich am Beispiel der Sexualität verdeutlichen. So
wird der lustvolle genitale Gebrauch Mittel zum Zweck, wenn man
den Akt nicht um des reinen erotischen, gegenseitigen Lustge-
winns willen vollzieht (Selbstzweckmotiv), sondern dazu miss-
braucht, ganz andere, etwa macht-, status- oder rachemotivierte
»Gelüste« auszuleben. Jeder Mann beispielsweise, der stolz darüber ist, »es ihr ordentlich gegeben« zu haben, sollte sich fragen,
warum er das zwischenmenschliche Geschlechtsleben offensichtlich primär als Kampf und als Arena versteht, aus der er als »Sie-
ger« hervorgehen muss.

Obwohl jedes einzelne Lebensmotiv zwar auch Mittel sein
kann, um andere Werte und Wünsche zu befriedigen – Sexualität

und Eros mutieren zu A-Motiven, wenn sie im Dienste der Macht B ausgelebt werden, oder moralisches Verhalten (A-Motiv) kann im Dienst von Status (B) stehen usw. –, gibt es neben diesen 16 Lebensmotiven kein weiteres Verhaltensmittel, das als *Selbstzweck* dienen könnte und um seiner selbst willen ausgeführt wird.

REISS-PROFIL II –
DER TEST:
WER BIN ICH WIRKLICH?

Im Folgenden können Sie nun Ihr persönliches Motiv-Profil erstellen. Diese Fassung des Reiss-Profils ist eine von Steven Reiss in Zusammenarbeit mit den Autoren entwickelte Kurzform. Der vollständige Test – das *Reiss Profile of Fundamental Goals and Motivational Sensitivities* – ist rechtlich geschützt.

Wir weisen darauf hin, dass die Kurzform zwar auf wissenschaftlichen Grundlagen beruht und von Steven Reiss autorisiert wurde. Da sie aber nur 43 Millionen unterschiedliche Profile erfassen kann, der Originaltest dagegen über zwei Milliarden, ist sie nicht so differenziert. Sie dient ausschließlich dazu, dass sich der interessierte Leser einen *qualitativen,* orientierenden Überblick über sein Motiv-Profil verschaffen kann.[29]

Durchführung

Um Ihr persönliches Motiv-, Interessens- und Werteprofil zu bestimmen, überprüfen Sie bei allen 16 Lebensmotiven, ob sie wichtig (+) oder unwichtig (–) für Sie sind. Um Ihren Wert +/– zu bestimmen, genügt es, wenn eine der Aussagen im Allgemeinen auf Sie zutrifft. Ziehen Sie dabei Vergleiche zu Menschen Ihres Alters. Wenn keine der Aussagen Ihr Verhalten richtig beschreibt oder wenn manchmal das eine, manchmal das andere stimmt, dann tragen Sie den Wert 0 ein.
Es gibt keine richtigen oder falschen Antworten. Um sich ein möglichst genaues Bild von Ihren lebensbestimmenden Antrieben und Werten zu verschaffen, müssen Sie die Fragen nur ehrlich beantworten.

1. Macht (MA)
+ 1. Ich bin ehrgeizig und karrierebewusst.
   2. Gewöhnlich übernehme ich das Kommando.
– 1. Ich bin nicht ehrgeizig oder karrierebewusst.
   2. Im Allgemeinen ordne ich mich eher unter.
0 sowohl als auch/weder noch
IHR MA-WERT: __

2. Unabhängigkeit (UN)
+ 1. Selbst ist der Mann/die Frau!
   2. Auf Ratschläge kann ich meist verzichten.
– 1. Ich bin stark an meinen Partner gebunden.
   2. Ich bin nicht gerne allein.
0 sowohl als auch/weder noch
IHR UN-WERT: __

3. Neugier (NE)

+ 1. Ich bin wissensdurstig und stelle viele Fragen.
  2. Ich denke oft darüber nach, was Wahrheit ist.
− 1. Ich stelle nur selten Fragen.
  2. Intellektuelle Betätigungen reizen mich nicht.
0 sowohl als auch/weder noch

IHR NE-WERT: __

4. Anerkennung (AN)

+ 1. Ich mag es nicht, wenn man mich kritisiert.
  2. Ich gebe schnell auf.
− 1. Mit Kritik kann ich gut umgehen.
  2. Ich habe großes Selbstvertrauen.
0 sowohl als auch/weder noch

IHR AN-WERT: __

5. Ordnung (OR)

+ 1. Ich habe einen ausgesprochenen Hang zur Ordnung und räume gerne auf.
  2. Ich halte mich konsequent an Regeln.
− 1. Ordnung − was ist das?
  2. Ich plane überhaupt nicht gerne.
0 sowohl als auch/weder noch

IHR OR-WERT: __

6. Sparen (SP)

+ 1. Ich bin ein typischer Sammler.
  2. Viele halten mich für einen Geizkragen.
− 1. Ich bin großzügig.
  2. Ein Sammler und Sparer war ich noch nie.
0 sowohl als auch/weder noch

IHR SP-WERT: __

7. Ehre (EH)

+ 1. Ich bin als prinzipientreuer Mensch bekannt.
   2. Man schätzt meine Loyalität.
− 1. Jeder muss selbst schauen, wo er bleibt.
   2. Moralische Fragen interessieren mich nicht.
0 sowohl als auch/weder noch

IHR EH-WERT: __

8. Idealismus (ID)

+ 1. Für einen guten Zweck bringe ich auch persönliche Opfer.
   2. Ich spende Geld oder betätige mich ehrenamtlich.
− 1. Gesellschaftliche Fragen interessieren mich nicht.
   2. Soziales Engagement bringt (mir) nichts.
0 sowohl als auch/weder noch

IHR ID-WERT: __

9. Beziehungen (BE)

+ 1. In der Gesellschaft anderer Menschen fühle ich mich glücklich.
   2. Ich bin als lebenslustiger Zeitgenosse bekannt.
− 1. Ich lasse nur meine Familie und einige enge Freunde an mich heran.
   2. Ich lebe eher zurückgezogen.
0 sowohl als auch/weder noch

IHR BE-WERT: __

10. Familie (FA)

+ 1. Kinder zu erziehen macht mich glücklich.
   2. Ich verbringe viel Zeit mit meinen Kindern.
− 1. Meine Elternrolle empfinde ich meist als belastend.
   2. Ich bin kein Familienmensch.
0 sowohl als auch/weder noch

IHR FA-WERT: __

11. Status (ST)

+ 1. Ich mag Luxus.
  2. Ich beeindrucke andere gern mit dem, was ich besitze.
- 1. Die Reichen und die Schönen sind mir völlig egal.
  2. Was andere von mir denken, interessiert mich nicht.
0 sowohl als auch/weder noch

IHR ST-WERT: __

12. Rache (RA)

+ 1. Ich neige zu Wutausbrüchen und bin oft aggressiv.
  2. Ich habe ein ausgeprägtes Konkurrenzdenken und hege häufig Rachegefühle.
- 1. Ich werde viel seltener wütend als andere und setze mich kaum zur Wehr.
  2. Konkurrenzsituationen sind mir verhasst.
0 sowohl als auch/weder noch

IHR RA-WERT: __

13. Eros (ER)

+ 1. Ich hatte viele verschiedene Sexualpartner in meinem Leben.
  2. Ich bin ein ausgesprochener Romantiker und habe einen besonderen Sinn für das Schöne.
- 1. Sexualität spielt bei mir eine untergeordnete Rolle.
  2. Das Schöne ist mir völlig gleichgültig.
0 sowohl als auch/weder noch

IHR ER-WERT: __

14. Essen (ES)
+ 1. Essen ist ein wahres Lebenselixier!
  2. Ich halte häufig Diät.
− 1. Ich esse eigentlich nie mehr, als mir gut tut.
  2. Ich hatte noch nie größere Gewichtsprobleme.
0 sowohl als auch/weder noch

                      IHR ES-WERT: __

15. Körperliche Aktivität (KA)
+ 1. Ich habe mich schon immer körperlich betätigt.
  2. Sport zu treiben macht mich glücklich.
− 1. Ich war schon immer etwas träge.
  2. Ein faules Leben ist ein schönes Leben.
0 sowohl als auch/weder noch

                      IHR KA-WERT: __

16. Ruhe (RU)
+ 1. Ich bin meist schüchtern oder furchtsam und gerate leicht in Panik
  2. Es ängstigt mich, wenn meine Knie zittern/mein Herz klopft, und es ist mir peinlich, wenn mein Magen knurrt.
− 1. Ich bin weniger sensibel als viele andere.
  2. Ich bin mutig und unerschrocken.
0 sowohl als auch/weder noch

                      IHR RU-WERT: __

Auswertung:
Ihr Antriebs- und Werteprofil

Tragen Sie nun Ihre Werte (+ oder – oder 0) in das Diagramm ein, und verbinden Sie die Markierungen zu Ihrem persönlichen Motiv-Profil. Verwenden Sie dazu die Farbtafel und die Folie »Ihr persönliches Motiv-Profil«, die in der hinteren Umschlagklappe dieses Buchs eingelegt sind.

Ihr persönliches Motiv-Profil

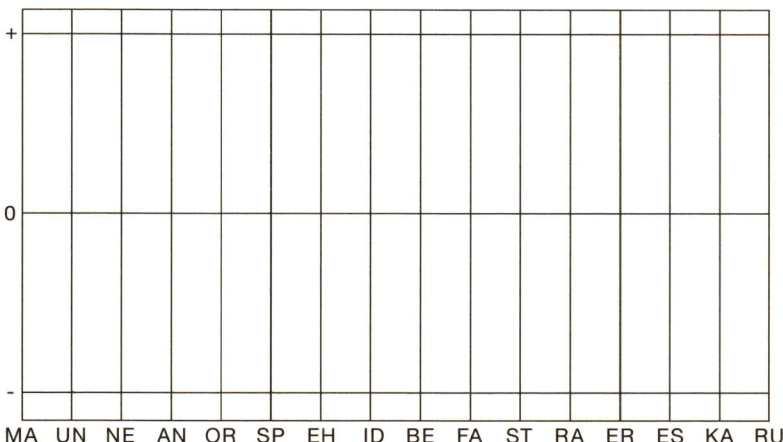

Beantworten Sie – wenn Ihr persönliches Motiv-Profil nun vor Ihnen liegt – folgende Fragen. Nehmen Sie sich Zeit dafür, und formulieren Sie die Antworten schriftlich:

1. Machen Sie sich bewusst, durch welche Interessen, Bedürfnisse und Werte Ihre Persönlichkeit geprägt ist: Was sind die wirklich wichtigen Bereiche in Ihrem Leben?

_____

_____

_____

_____

_____

_____

_____

_____

_____

_____

2. Was sind die schwach ausgeprägten Bereiche in Ihrem Leben?

_____

_____

_____

_____

_____

_____

_____

_____

_____

Bevor Sie eine ausführliche Auswertung vornehmen (vgl. das Kapitel »Reiss-Profil III – die Interpretation: Wegweiser zum Lebensglück«, S. 133), sollten Sie zuerst die beiden folgenden Beispiele als Anleitung zur Kenntnis nehmen.

Das Reiss-Profil in der Praxis:
Zwei Beispiele

Im Folgenden dokumentieren wir anhand zweier Beispiele, wie das Motiv-Profil biografisch eingesetzt werden kann. Dabei handelt es sich um ein frei gewähltes Zufallsprofil und das Motiv-Profil des Schauspielers Humphrey Bogart. Da das Reiss-Profil die Werte, Bedürfnisse und Motive widerspiegelt, die im Leben eines Menschen wichtig und sinnerfüllend sind, wird darin so etwas wie der persönliche Lebensplan oder -entwurf deutlich. Diese Sichtweise des Großen und Ganzen hat die Persönlichkeitspsychologie bislang überraschend wenig interessiert.[30]

Beispiel 1: N. N.

Beachtet werden für diesen Beispielfall nur die besonders einflussreichen, prägenden »grünen« und »roten« Motive. Im tatsächlichen Einzelfall würde die Bedeutung der durchschnittlichen, »gelben« Motive ebenso beachtet wie das jeweilige Zusammenwirken der Motivfelder im alltäglichen Leben.

Motiv-Profil von N. N.

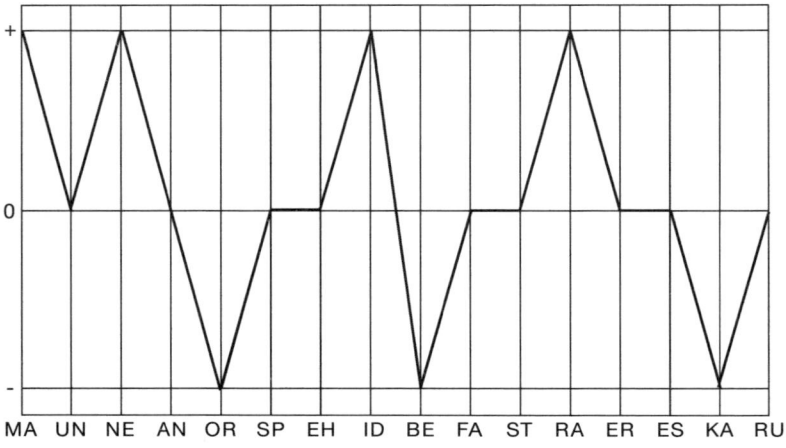

| MA | UN | NE | AN | OR | SP | EH | ID | BE | FA | ST | RA | ER | ES | KA | RU |

stark ausgeprägte Lebensmotive	schwach ausgeprägte Lebensmotive
Macht	Ordnung
Neugier	Beziehungen
Idealismus	Körperliche Aktivität
Rache	

Profilinterpretation

Aus diesem Profil lässt sich Folgendes erkennen.

Stark ausgeprägte (grüne) Werte

Macht: Menschen mit grüner Macht üben gerne Autorität aus und zögern nicht, Führungsrollen zu übernehmen. Manche mögen es, anderen Anweisungen zu erteilen, viele sind willensstark. Im zwischenmenschlichen Bereich haben sie einen besonderen Hang zur Kontrolle.

Grüne Machttypen sind im Allgemeinen ehrgeizig, leistungs-orientiert und arbeitsmotiviert, da diese Aktivitäten ihren Einfluss stärken. Einige so genannte »Workaholics« haben grüne Machtwerte: Sie sind besonders darauf bedacht, durch Leistung und Kompetenz voranzukommen. Und auch wenn das Verhalten von Workaholics als problematisch gilt: Diese Menschen sind einfach glücklich mit ihrer Arbeit.

Neugier: Menschen mit grüner Neugier sind allem gegenüber aufgeschlossen, was mit geistigen, kognitiven Tätigkeiten zu tun hat und Köpfchen verlangt: Sie schätzen und suchen anregende, niveauvolle Gespräche und Diskussionen. Häufig reisen sie gerne und beschäftigen sich am liebsten mit Lesen, Schach, Bridge usw. Einige kann man als »Wahrheitssucher« bezeich-nen. Viele haben das starke Bedürfnis, Zeit zum Nachdenken zu haben.

Im Allgemeinen bemerken sie rasch Widersprüche oder inkonsis-tente Darstellungen. Neugierige Menschen können aber auch schnell gelangweilt sein.

Idealismus: Menschen mit grünem Idealismus sind besonders sensibel für politische, soziale und humanitäre Fragen. Sie sind häufig sozial engagiert und respektieren sehr die Ideale von Hu-manität und Gerechtigkeit.

Rache: Menschen mit grüner Rache verstehen das Leben als Kampf oder gar »Krieg« und haben ein starkes Bedürfnis, die Auseinandersetzungen und Wettbewerbe ihres Daseins zu ge-winnen. Manche sind aggressiv, viele können ihr Temperament nur schwer zügeln und werden schnell wütend. Solche Menschen können auch eine Vorliebe für körperlichen Wettkampfsport und die entsprechenden (Kampf-)Sportarten entwickeln.

Zeitgenossen mit hohen Rachewerten lieben die Konkurrenz im Beruf und gehen keiner Auseinandersetzung aus dem Weg. Oft können sie dabei aus reiner Lust am Kampf die Atmosphäre vergiften.

Schwach ausgeprägte (rote) Werte

Ordnung: Menschen mit roter Ordnung mögen es nicht, die Dinge bis in alle Einzelheiten zu planen und zu organisieren. Sie tendieren zu einer flexiblen Einstellung. Darüber hinaus sind sie ausgeprochen tolerant gegenüber unklaren, mehrdeutigen Situationen – in einer allzu reglementierten,»bürokratischen« Umwelt fühlen sie sich schnell unwohl.

Viele mögen sich auch nicht an Regeln halten, Formulare ausfüllen oder die Dinge immer gleich tun. Im Allgemeinen achten sie nicht besonders auf Details.

Da Reinlichkeit oder Sauberkeit alles andere als ihr höchster Lebenszweck ist, stören sie sich kaum an einer ungeordneten, unaufgeräumten Umgebung. Einige tendieren zu einer gewissen Desorganisiertheit, manche sind schlampig.

Beziehungen: Menschen mit roten Beziehungen sind meist schüchterne, zurückgezogen lebende Zeitgenossen, die ihre Einsamkeit mögen. Am liebsten verbringen sie ihre Zeit in Ruhe und Frieden mit sich selbst. In der Öffentlichkeit ergreifen sie kaum die Initiative. Oft sind sie ernsthafte Menschen.

Manche sind anderen gegenüber eher unaufmerksam, was leicht den Eindruck erweckt, dass sie gleichgültig sind und sich nicht um ihre Mitmenschen kümmern.

Im Allgemeinen haben sie wenige, aber sehr nahe Freunde und knüpfen kaum Kontakte.

Körperliche Aktivität: Menschen mit roter Körperlicher Aktivität neigen zu einem mußevollen Lebensstil, der sie in jedem Alter jegliche körperliche Anstrengung vermeiden lässt. Viele haben Gewichtsprobleme. Daher sind einige trotz ihrer geringen Aktivitätswerte sportlich tätig, aber nicht aus Freude, sondern aus gesundheitlichen Gründen.

Nennenswerte durchschnittlich ausgeprägte (gelbe) Werte

Anerkennung: Die Kritikfähigkeit ist durchschnittlich ausgeprägt: Im Allgemeinen dürfte N. N. gegenüber kritischen Rückmeldungen weder zu sensibel noch zu gekränkt reagieren.

Ruhe: Die Motivation, Veränderungen zu akzeptieren, ist gut entwickelt: Schwierigen, unklaren oder stressigen Situationen begegnet N. N. eher mit einer flexibel-abwartenden Einstellung, als sich vor ihnen zurückzuziehen oder diese panisch zu vermeiden.

Bedeutung des Motiv-Profils

Für die Lebensbereiche Partnerschaft, Beruf sowie Kommunikation und soziales Verhalten ergibt sich folgendes Bild.

Partnerschaft

Im Allgemeinen kommen die Partner am besten miteinander zurecht, die ihre wichtigsten Lebensmotive, Wünsche und Interessen teilen.

Wegen seines ausgeprägten Rachemotivs ist N. N. ein schwieriger Zeitgenosse, und so gestaltet sich seine Partnerschaft vermutlich auch kompliziert. Deshalb sollte er prüfen, ob er sein hochfahrendes Temperament nicht gelegentlich zügeln sollte.

Ansonsten passt ein Partner mit folgender Charakteristik am besten zu N. N.:

- ein *ehrgeiziger* Partner – vor einem wenig ambitionierten Menschen würde N. N. schnell den Respekt verlieren.
- ein Partner mit Köpfchen, der Freude und Interesse an *geistigen, intellektuellen* oder *kognitiven* Fragen oder Tätigkeiten hat.
- ein Partner, den man als *ernst und ruhig* bezeichnen könnte, ein Mensch, der ruhige Abende zu Hause allen sozialen Aktivitäten vorzieht.

Beruf

N. N. mag bei der Arbeit alles, was mit Streit, Wettbewerb, Auseinandersetzung oder Konflikt zu tun hat – ob es sich dabei um zornige, verärgerte Kunden handelt, darum, einen Plan oder eine Position zu verteidigen, oder um »offensives« Verkaufen.

Ihm gefallen Aufgaben, bei denen er die Führung oder Kontrolle übernehmen kann. Dagegen missfällt ihm alles, was ihn zum »Befehlsempfänger« macht. N. N. hat eine ausgeprägte Arbeitsmotivation.

Positiv erlebt er zudem intellektuelle Probleme und Aufgaben: strategische Konzepte und Pläne zu entwickeln, Problemlösungen zu finden, Marktanalysen durchzuführen, sich mit technischen Handbüchern oder Anleitungen zu beschäftigen, Datenbanken zu organisieren und Ähnliches mehr.

Er ist dagegen kaum motiviert, Arbeiten bis ins letzte Detail zu organisieren, Regeln zu befolgen oder auf Nebensächlichkeiten zu achten. N. N. ist jedoch gegenüber unklaren Situationen tolerant, offen und flexibel.

N. N. mag es auch nicht, wenn er mit anderen zusammenarbeiten oder in Arbeitsformen tätig sein muss, die ihn als »Psychologen« fordern, wie verkaufen, beraten, lehren. Er mag auch keine Jobs, bei denen er körperlich allzu stark gefordert ist und Stehvermögen beweisen müsste. Dagegen hat er keine Schwierigkeiten, lange Stunden am Schreibtisch durchzuarbeiten.

Kommunikation und soziales Verhalten

Jeder hat eine natürliche Tendenz, andere Menschen durch die Brille seiner eigenen Interessen, Wünsche und Motive wahrzunehmen – und ihre eigentlichen Bedürfnisse entsprechend misszuverstehen. Die schwierigsten Klippen im zwischenmenschlichen Verhalten und der Art, wie N. N. andere wahrnimmt, sind folgende beiden Aspekte:

– Wie andere Menschen mit gering ausgeprägtem (rotem) Beziehungsmotiv (miss-)versteht und (vor-)verurteilt er gesellige Menschen häufig als »oberflächlich«.

– Wie andere Menschen mit überdurchschnittlich ausgeprägten (grünen) Rachemotiven (miss-)versteht und (vor-)verurteilt er ausgleichende, schlichtende Menschen im sozialen Verhalten als »Feiglinge«.

Fremdwahrnehmung

Das Motiv-Profil legt nahe, dass Mitmenschen an N. N. folgende Eigenschaften und Handlungsweisen besonders schätzen:
• interessante Person
• nachdenklich
• flexibel
• ehrgeizig
• »Kämpfertyp«
• vorsichtig

Beispiel 2: Humphrey Bogart[31]

Motiv-Profil von Humphrey Bogart

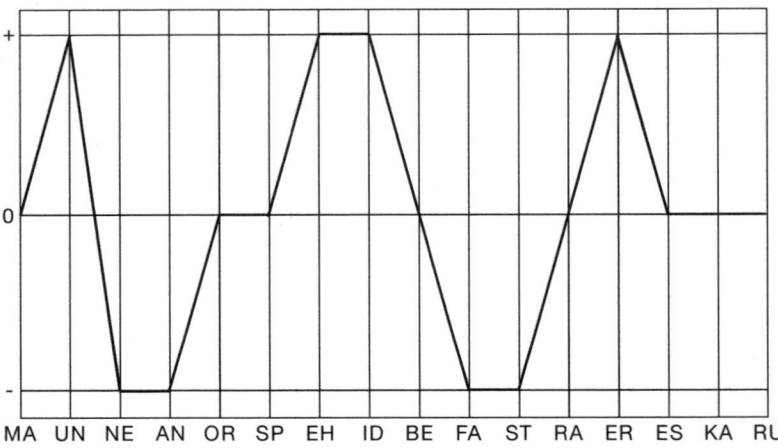

MA	UN	NE	AN	OR	SP	EH	ID	BE	FA	ST	RA	ER	ES	KA	RU

stark ausgeprägte Lebensmotive	durchschnittlich ausgeprägte Lebensmotive	schwach ausgeprägte Lebensmotive
Unabhängigkeit	Macht	Neugier
Ehre	Ordnung	Anerkennung
Idealismus	Sparen	Familie
Eros	Beziehungen	Status
	Rache	
	Essen	
	Körperliche Aktivität	
	Ruhe	

Humphrey Bogart (1899–1957) war wahrscheinlich einer der größten Schauspieler seiner Zeit, Filme wie der *Malteser Falke* (1941), *Casablanca* (1942) oder *Der Schatz in der Sierra Madre* (1948) haben ihn weltberühmt gemacht.

Bogart war das älteste von drei Kindern und der einzige Sohn einer gut situierten Mittelstandsfamilie. Sein Vater war ein erfolgreicher Physiker, seine Mutter eine national bekannte Illustratorin. Als Kind besuchte er Privatschulen, und seine Sommerferien verbrachte zusammen mit anderen Kindern aus gutem Hause in Seneca Point, New York. Er galt als »Schönling« und stand seiner Mutter für ihre Zeichnungen Modell. Obwohl er intelligent war, motivierte ihn die Schule nicht, wie die niedrige Neugier nahe legt.

Von grundlegender Bedeutung für ihn ist das Lebensmotiv Eros: Bogart schöpfte daraus die größten Freuden seines Lebens. Liebe scheint die einzige große Quelle des Glücks in Bogarts Leben gewesen zu sein, die ihn beinahe jedoch die Karriere gekostet hätte. Er heiratete vier Mal. Seine Heirat mit Lauren Bacall gefährdete seine berufliche Stellung, weil er sich dadurch einen mächtigen Hollywoodboss zum Feind machte und weil Lauren damals noch sehr jung war.

Prägend war auch das Lebensmotiv Unabhängigkeit, das ihn lebenslang zur Selbstbestimmung antrieb. Zusammen mit dem durchschnittlichen Motiv Sparen strebte er dabei auch nach finanzieller Unabhängigkeit, um seinen Lebensstil finanzieren zu können und dennoch etwas auf der Seite zu haben. Geld verdiente er dank geschickter Verhandlungsstrategien genug, und er verwaltete es klug.

Bogart war aufgrund seines normal entwickelten Machtmotivs eher durchschnittlich ehrgeizig – er arbeitete zwar diszipliniert, verließ die Arbeit aber auch pünktlich. Dabei waren ihm Konkurrenz und zwischenmenschliche Machtspiele nicht ganz fremd: Seine durchschnittlichen, aber deutlich entwickelten

Macht- und Rachemotive ließen ihn daran auch eine gewisse Freude empfinden. Ähnlich schien er Führungsrollen zwar nicht gesucht zu haben, nahm sie gegebenenfalls aber dennoch ein.

Sein starkes Verlangen nach Ehre ließ ihn beispielsweise seiner Familie gegenüber loyal bleiben, obwohl die Verhältnisse schwierig waren: Seine Mutter war nicht besonders zärtlich, sein Vater beging aufgrund einer Fehlinvestition Selbstmord, und seine Schwestern litten an psychischen Störungen. Er kümmerte sich sehr um sie und holte seine kränkelnde Mutter und seine Schwestern zu sich nach Kalifornien – nicht weil er ihre Gegenwart und Nähe so genossen hätte, sondern aus Ehr- und Pflichtgefühl.

Unabhängig vom starken erotischen Einfluss hatte er ein nur schwaches Verlangen nach einer eigenen Familie: Man musste ihn geradezu überreden, eigene Kinder zu haben.

Trotz günstiger psychologischer Bedingungen – rote Anerkennung verweist auf einen relativ sicheren Selbstwert und Kritikfähigkeit, gelbe Ruhe auf eine normale Stressfähigkeit – hatte Bogart einen Hang zum Alkoholismus. Unabhängig von anderen Einflüssen könnte er berufsbedingt mit der Droge versucht haben, seine starken erotischen Kräfte »rauschhaft« auszuleben. Auf seine Arbeit oder Karriere hatte dies keine negativen Auswirkungen, dafür umso mehr auf seine persönlichen Beziehungen. Unter Alkohol verstärkten sich die mitunter widerstrebenden Einflüsse des starken Eros und der starken Unabhängigkeit.

Sein äußerst geringer Wunsch nach Anerkennung war sicherlich von Vorteil angesichts der Menge an Kritiken, die sich im Leben eines Schauspielers anhäufen. Insbesondere in den frühen Stadien seiner Karriere hatte er mit vielen Rückschlägen zu kämpfen. Diese resultierten jedoch nicht (auch aufgrund seiner durchschnittlich ausgeprägten Rache- und Ruhewerte) in Rückzug, Flucht oder in Anstrengungen, Vergeltung zu üben. Möglicherweise hat ihm sein gutes Aussehen während der Kindheit ein inneres Gefühl des Selbstvertrauens gegeben.

Sein hoher Idealismus prädestinierte ihn nicht nur, die Heldenrolle in *Casablanca* glaubwürdig darzustellen, er motivierte ihn beispielsweise auch dazu, während der Kommunistenjagd McCarthys die Proteste gegen die so genannten »schwarzen Listen« angeblicher Kommunisten in Hollywood anzuführen. Obwohl selbst ein eher privilegiertes Kind, führte sein gering entwickeltes Statusmotiv dazu, dass er kein Snob wurde oder sich irgendwelchen Starallüren hingab. So kaufte er sich lange Zeit kein eigenes Haus – dies machte dann seine vierte Frau für ihn. Dieser Statusmangel könnte umgekehrt seinen Aufstieg zum Star sogar verlangsamt haben: Er bemühte sich überhaupt nicht darum, einflussreichen Menschen den Hof zu machen. Aufmerksamkeit erfreute ihn dann, wenn sie ihm in der Form der Wertschätzung seiner Schauspielerei entgegengebracht wurde, und nicht, wenn er sie in Form von Respekt für seinen Reichtum erhielt.

REISS-PROFIL III –
DIE INTERPRETATION:
WEGWEISER ZUM LEBENSGLÜCK

Obwohl jeder Mensch von allen 16 Lebensmotiven beeinflusst wird, hat jeder eine individuelle Motivstruktur, die im Motiv-Profil abgebildet wird: Es zeigt, welche Motive wie stark oder schwach das Leben eines Menschen beeinflussen und gestalten. Im Allgemeinen erklären die am stärksten und schwächsten entwickelten Motive das individuelle Verhalten am besten, während die nur durchschnittlich bedeutsamen Motive vernachlässigt werden können.

In unserem Leben streben wir danach, die im Motiv-Profil am höchsten bewerteten Motive zu befriedigen und zu erfüllen. Diese Lebensmotive wirken selbstverstärkend: Bald nachdem wir sie befriedigt haben, werden sie wieder»fordernd«, so wie wir einige Stunden nach einer sättigenden Mahlzeit wieder Hunger bekommen oder nach anregenden Gesprächen oder Kontakten erneut die Nähe von anderen Menschen suchen. Unsere Lebensmotive bestimmen also im Allgemeinen sehr viel stärker und dauerhafter unser Leben als die schwächer ausgeprägten Bedürfnisse.

Erkenne dich selbst:
Eigene Stärken und Schwächen
richtig einschätzen

Wie wir bereits erläutert haben, kann man das Reiss-Profil und seine Kurzfassung im Motiv-Profil als einen Wegweiser zum Glück verstehen. Dabei muss man das eher zufällige Wohlfühlglück aller angenehmen Erfahrungen – Vergnügen, die jedoch immer nur von kurzer Dauer sind – vom Werteglück unterscheiden.

Für Reiss steht in Anlehnung an die antike Glücksphilosophie fest, dass im Gegensatz zum rasch vorübergehenden Zufallsglück nur das wertevermittelte Glück dem Leben wahren Sinn und wirkliche Erfüllung schenken kann. Nur diejenigen erfahren ein überdauerndes, tiefes und erfüllendes Glück, die ihre wahren Motive und Lebensgründe kennen und sich von ihnen durchs Leben tragen lassen. Daher steht das Glück auch jedem Menschen offen: Völlig unabhängig von Reichtum, Status oder Attraktivität kann jeder sein Leben an den Werten orientieren, die es sinn- und bedeutungsvoll machen.

Dazu müssen wir aber unser Motiv-Profil kennen und wissen, was unserem Leben Sinn, Wert und damit Glück und Zufriedenheit schenken kann. Nehmen Sie deswegen nun »in eigener Glückssache« nochmals Ihr Motiv-Profil zur Hand und vervollständigen Sie die Auswertung anhand folgender Fragen.

1. Bringen Sie Ihre grünen und anschließend Ihre roten Lebensmotive in eine Reihenfolge.

besonders wichtige Lebensmotive:

(1) _____

(2) _____

(3) _____

(4) _____

(5) _____

(völlig) unwichtige Lebensmotive:

(1) _____

(2) _____

(3) _____

(4) _____

(5) _____

2. Kombinieren Sie Ihre drei wichtigsten Lebensmotive:

Motive (1) und (2) _____

Motive (1) und (3) _____

Motive (2) und (3) _____

Motive (1), (2) und (3) _____

Was fällt Ihnen auf, wenn Sie diese Kombinationen auf Ihr Leben übertragen. Schreiben Sie alles auf, was Ihnen einfällt:

_____

_____

_____

Wann und in welchen Situationen kommen sie zusammen vor?

_____

_____

_____

_____

Treten sie in Widerspruch oder Konflikt zueinander?

_____

_____

_____

_____

Wie gehen Sie damit um?

_____

_____

_____

_____

3. Wie gut können Sie Ihre wichtigsten Werte, Bedürfnisse und Ziele in den verschiedenen Lebensbereichen verwirklichen – bei der Arbeit, in der Familie oder in Ihrer Freizeit?

Arbeit _____

_____

Familie _____

_____

Freizeit _____

_____

4. Stichwort »Lebensglück«

Sind Sie insgesamt glücklich und zufrieden?

_____

_____

_____

_____

_____

Welche Bedeutung haben dabei Ihre Lebensmotive?

_____

_____

_____

_____

_____

Welche – lebensmotivbedingten – Hindernisse und Schwierig-keiten gibt es?

_____

_____

_____

_____

Wie könnten Sie sie überwinden?

_____

_____

_____

_____

5. Gegenprobe I: Wie sieht es bei den vermeintlich weniger entscheidenden Bereichen aus? Schauen Sie einmal Ihre durchschnittlichen, gelben Werte an.

Verbringen Sie (zu) viel Zeit mit Dingen, die Ihnen eigentlich nichts oder wenig bedeuten?

_____

_____

_____

_____

_____

Um welche Bereiche handelt es sich?

_____

_____

_____

_____

_____

Wie könnten Sie dies ändern?

_____

_____

_____

_____

_____

6. Gegenprobe II: Die Fremdperspektive

Lassen Sie sich vom Lebenspartner oder von Freunden und Kollegen beurteilen.
Stimmen die jeweiligen Eigen- und Fremdbilder überein?

_____

_____

_____

_____

_____

Gibt es Diskrepanzen? Wenn ja, in welchen Lebensbereichen?

_____

_____

_____

_____

_____

Worauf führen Sie diese zurück?

_____

_____

_____

_____

_____

Kommunikation:
Die Fallen des Self-Hugging

Dieser eher sozialpsychologische Teil der Theorie der 16 Lebensmotive basiert auf der Prämisse des Self-Hugging: der Selbstbezogenheit oder Selbstschmeichelei.

*Jeder Mensch hat eine natürliche Tendenz, andere durch die Brille
seiner eigenen Interessen, Wünsche und Motive wahrzunehmen –
und ihre eigentlichen Bedürfnisse entsprechend misszuverstehen.*

Diese Neigung zum Self-Hugging ist für viele zwischenmenschliche Missverständnisse verantwortlich. Sie schafft die meisten
blinden Flecken in unserem Verständnis der anderen. Self-Hugging beeinträchtigt die Art, wie wir Partner, Arbeitskollegen oder
Mitmenschen beurteilen und ihre Handlungen einschätzen.

Wir begreifen oft nicht, dass andere Menschen auch andere
Motive, Interessen und Wünsche haben. »Vom Kopf her wissen
wir zwar, dass sie unterschiedliche Werte und Ziele verfolgen«,
fand Reiss, »aber im Grunde genommen sehen wir nicht ein, dass
sie nicht genau wie wir denken, fühlen und handeln.«

Self-Hugging vergiftet das zwischenmenschliche Miteinander
allzu häufig. Ihre Individualität trennt die Menschen wie eine
Mauer, und jeder sieht nur, was auf *seiner* Seite passiert. Je mehr
man aber in solchen Eigenperspektiven gefangen ist, desto größer ist die Gefahr, eigene Motive – »Was für mich gut ist, ist auch
für andere gut« – auf Partner, Freunde oder Kollegen unreflek-
tiert zu übertragen und viele unnötige Missverständnisse und
Konflikte zu schaffen.

Beim Self-Hugging unterscheidet man drei Aspekte, die im Alltag zusammenwirken: Missverstehen, Selbst-Illusion und Wertetyrannei.

Missverstehen: Das ist die Konfusion, die entsteht, wenn man nicht glauben kann, dass sich andere auch wirklich anders verhalten: dass der Workaholic immer arbeitet oder der lonesome Cowboy sich nicht für gesellige Veranstaltungen begeistern kann. Während sich beispielsweise Ehrgeizige selbst als erfolgsorientiert, stark und kraftvoll sehen, verstehen Nichtambitionierte sie als Wichtigtuer, kontrollierend und einseitig. Nichtehrgeizige schätzen sich selbst als sozial- oder menschenorientiert ein, während Ehrgeizige sie als erfolglos und faul kritisieren.

Selbst-Illusion: Damit ist die Selbstverständlichkeit gemeint, mit der man davon ausgeht, dass man selbst die besten Werte und Motive hat und dass diese deshalb auch für die anderen gelten müssen. Einer Selbst-Illusion sitzen nichtehrgeizige Menschen auf, wenn sie ehrgeizigen Menschen raten, doch nicht immer so viel zu arbeiten und stattdessen einmal an den Rosen zu riechen. Sie realisieren nicht, dass ehrgeizige Menschen das, was sie tun, genießen.

Wertetyrannei: Dies ist der ungute (Dauer-)Versuch, andere mehr oder minder nachdrücklich zu überreden, zu überzeugen oder sonstwie »hinzubiegen«, von ihren »falschen« Lebensprämissen doch zu lassen. Ob Eltern den Berufswunsch ihres Nachwuchses, ein Partner die Hobbys seiner Partnerin oder Teammitglieder den Arbeitsstil eines Kollegen nicht akzeptieren: In diesen und vielen anderen Fällen wird Wertetyrannei früher oder später die Beziehung ruinieren. Wertetyrannei als flagranter Versuch der Verhaltens- und Einstellungsänderung wird ausgeübt, wenn Machttypen etwa versuchen, nicht ehrgeizige Menschen zu ermutigen, doch härter zu arbeiten und voranzukommen. Doch selbst wenn diese Aufforderung gut gemeint ist, tut man den Nichtambitionierten damit keinen Gefallen. Im Gegenteil, man setzt sie unter Druck, erfolgreicher zu sein, als sie eigentlich von sich aus sein wollen.

Kommunikative Missverständnisse sind also nie einseitig, sondern immer eine Medaille mit zwei Seiten. Wenn also Menschen mit gänzlich unterschiedlich ausgeprägten Lebensmotiven – etwa Neugierige mit weniger Wissensdurstigen, Statusbewusste mit Statusgleichgültigen – zusammentreffen, sind Verständnisschwierigkeiten oder Konflikte vorprogrammiert.

Nicht immer werden dabei die Probleme so gut gelöst, wie in der folgenden Geschichte zum Lebensmotiv Neugier.

»Es liegt ganz in eurer Hand …«

Es war einmal ein alter, weiser Mann, der alle wichtigen Erfahrungen in seinem Leben gemacht und alle kleinen wie großen Probleme gelöst hatte. Er lebte zurückgezogen in einer großen, weißen Villa auf einer wunderschönen Insel.

Eines Tages beschlossen einige junge, vorwitzige Burschen, diesem alten, weisen Mann seine Grenzen zu zeigen. Einer von ihnen würde einen kleinen Vogel zwischen seinen Händen halten, und sie würden den Weisen fragen, ob dieser Vogel tot oder lebendig sei. Ihr Trick wäre dabei: Egal, wie der alte, weise Mann antwortete, seine Antwort wäre immer falsch. Lautete sie: »Der Vogel ist tot«, so würde der Junge seine Hände öffnen und den Vogel wegfliegen lassen. Antwortete er aber: »Der Vogel ist lebendig«, so würde der Geck das arme Tier zwischen seinen Händen zerquetschen, und der alte Mann hätte wiederum die falsche Antwort gegeben.

So brachen die vorlauten jungen Leute zur Villa des alten, weisen Mannes auf, um ihn auf die Probe zu stellen. Sie wurden herzlich empfangen, freundlich hereingebeten, und nachdem sie eine Tasse Tee miteinander getrunken hatten, fragte der Alte die Heißsporne: »Liebe Freunde, was kann ich für euch tun?«

Der Wortführer der Gruppe baute sich vor ihm auf und hielt

den Vogel zwischen seinen beiden Händen. Mit siegesgewissem Lächeln stellte er seine hinterlistige Frage:»Alter, weiser Mann, der du alle Probleme in deinem Leben so vortrefflich gelöst hast, wir haben eine Frage an dich. Ich halte hier in meiner Hand einen kleinen weißen Vogel, und ich frage dich: Ist dieser Vogel tot oder lebendig?« Und die ganze Gruppe frohlockte schon, den Erfahrenen einmal ratlos zu sehen. Der alte, weise Mann schaute eindringlich in die erwartungsfrohen Gesichter seiner Besucher, lächelte und antwortete: »Ob der Vogel tot oder lebendig ist, meine lieben jungen Freunde, das liegt ganz in eurer Hand ... «

Alltagstypische Verstehenskonflikte bei unterschiedlicher Motivausprägung

Anhand dieser Tabelle können Sie sich einen Überblick über mögliche Konfliktstrukturen im alltäglichen Zusammenleben verschaffen, die durch Self-Hugging verursacht werden. So oder so ähnlich gestalten sich typische Verstehens- oder Verhaltenskonflikte, wenn Menschen sich grundlegend in ihren Lebensmotiven unterscheiden. – Sie sollten sich dabei bewusst machen, dass man im Alltag Denken und Handeln kaum trennen kann.

Lebensmotiv	Ausprägung	Eigenwahrnehmung (denkt über sich)	Fremdwahrnehmung (denkt über den gegensätzlich anderen)
Macht	stark: der Ehrgeizige	Führernatur, hart arbeitend, erfolgsorientiert, leistungsmotiviert, kraftvoll, erfolgreich	faul, schwach, erfolglos
	schwach: der Geführte	an Menschen orientiert, lässt sich anleiten	Workaholic, getrieben, wichtigtuerisch, dominant, lästig, kontrollierend, einseitig
Unabhängigkeit	stark: der Unabhängige	voller Selbstvertrauen, autonom, frei	unreif, schwach
	schwach: der Teamplayer	liebevoll, liebesbedürftig, vertrauensvoll, hingebungsvoll, anhänglich	kompromisslos, stur, stolz
Neugier	stark: der Intellektuelle	smart, interessant, geistvoll, guter Lehrer	langweilig, ignorant, oberflächlich, geistlos, dumm, emotional, provinziell
	schwach: der Praktiker	praktisch, gesunder Menschenverstand	langweilig, »Eierkopf«, arrogant, hochgestochen, kalt, Mangel an gesundem Menschenverstand, unpraktisch, durchgeistigt
Anerkennung	stark: der Unsichere	jämmerlich, Versager, Heulsuse, Mimose, unreif, übersensibel	eingebildet, kalt, glatt
	schwach: der Selbstbewusste	selbstbewusst, selbstsicher, positives Selbstbild	unbestimmt, unsicher, Mangel an Selbstvertrauen

Lebensmotiv	Ausprägung	Eigenwahrnehmung (denkt über sich)	Fremdwahrnehmung (denkt über den gegensätzlich anderen)
Ordnung	stark: der Organisierte	ordentlich, organisiert, Kontrolle, sozialisiert	nachlässig, ungepflegt, schmutzig, ungesund, unorganisiert
	schwach: der Flexible	flexibel, spontan, offen	zu perfekt, kontrolliert, kümmert sich um triviale Dinge, streng
Sparen	stark: der Sammler	einfach, wirtschaftlich, vorausplanend	unverantwortlich, unklug, gegenwartsfixiert, verschwenderisch
	schwach: der Großzügige	lebensfroh, großzügig	Geizhals, geldgierig, billig, selbstverweigernd
Ehre	stark: der Prinzipientreue	verantwortlich, moralisch, loyal, prinzipientreu, charaktervoll, pflichtbewusst	prinzipienlos, illoyal, unehrenhaft, selbstsüchtig, unachtsam, charakterlos
	schwach: der Zweckorientierte	praktisch, »wie jeder andere auch«	selbstgerecht, »Moralapostel«
Idealismus	stark: der Idealist	liebevoll, mitfühlend, visionär, gerecht, human	herzlos, unsensibel, gefühllos, selbstsüchtig, zynisch
	schwach: der Realist	realistisch, pragmatisch	Träumer, unrealistisch, »päpstlicher als der Papst«
Beziehungen	stark: der Gesellige	freundlich, humorvoll, aufgeschlossen, lebendig, lebenslustig, liebt den Spaß	steif, ernst, zurückgezogen, ungesellig, einsam
	schwach: der Einzelgänger	privat, ernst, zurückhaltend	oberflächlich, hohl, ausgelassen, anbiedernd

145

Lebensmotiv	Ausprägung	Eigenwahrnehmung (denkt über sich)	Fremdwahrnehmung (denkt über den gegensätzlich anderen)
Familie	stark: der Familienmensch	fürsorglich, verantwortlich, häuslich	selbstsüchtig, unverantwortlich, wird alleine alt werden müssen
	schwach: der überzeugte Kinderlose	unabhängig, frei	belastet, närrisch, häuslich, angebunden
Status	stark: der Elitäre	wichtig, prominent, bekannt, herausragend,Prestige liebend	unwichtiger, unbedeutender »Typ«, Prolet, geschmacklos, stillos
	schwach: der Bescheidene	unaufgeregt, bescheiden, demokratisch gesinnt, gerecht, freizügig	unnahbar, angeberisch, snobistisch, eingebildet, arrogant
Rache	stark: der Kämpfer	Gewinner, wettbewerbsfähig, aggressiv	Verlierer, unbestimmt, passiv, »Weichei«
	schwach: der Kooperative	nett, verzeihend, kooperativ, friedliebend, Konflikt vermeidend	aggressiv, zornig, will immer gewinnen, »Wettbewerbshai«
Eros	stark: der Sinnliche	Romantiker, guter Liebhaber, Ästhet, sinnlich, lustvoll, »männlich«/»weiblich«	prüde, voller Komplexe, impotent/frigide
	schwach: der Asket	tugendhaft, selbstkontrolliert, »heilig«	tierisch, unkontrolliert, hedonistisch, oberflächlich, triebgeleitet

146

Lebensmotiv	Ausprägung	Eigenwahrnehmung (denkt über sich)	Fremdwahrnehmung (denkt über den gegensätzlich anderen)
Essen	stark: der große Esser	satt, hedonistisch, Gourmet	selbstverleugnend, ungesund
	schwach: der schwache Esser	schlank, gesund, willensstark	willenlos, ohne Selbstkontrolle, ungesund, vergnügungssüchtig, Vielfraß
Körperliche Aktivität	stark: der Sportler	energiegeladen, kraftvoll, fit, athletisch, muskulös, stark	faul, träge, müde, lustlos, langsam, schwach, Herumsitzer, »couch potato«
	schwach: der Stubenhocker	»no sports«, »in der Ruhe liegt die Kraft«, zurückhaltend	ruhelos, getrieben, anstrengend
Ruhe	stark: der Ängstliche	vorsichtig, klug	leichtsinnig, tollkühn, gedankenlos, unbesonnen
	schwach: der Robuste	mutig, wagemutig, tapfer, kühn, robust, unerschütterlich, selbstsicher	furchtsam, feige, neurotisch, überängstlich, Bedenkenträger

Tab. 3: Self-Hugging: alltagstypische Verstehenskonflikte bei unterschiedlicher Motivausprägung

Übungen zum Self-Hugging

1. Spielen Sie in Gedanken lebensmotivisch begründete Alltagskonflikte durch – so wie oben stehende Tabelle sie als klassische Wertekonflikte des Self-Hugging beschreibt.
2. Suchen Sie sich nun drei Beispiele heraus, mit denen Sie besondere persönliche Erfahrungen gemacht haben.

(1) _____

(2) _____

(3) _____

3. Beschreiben Sie die jeweilige Situationen: »Wer warum gegen wen?«

(1) _____

(2) _____

(3) _____

4. Analysieren Sie die jeweiligen Wertekonflikte. Welche Rolle spielen dabei Missverstehen, Selbst-Illusion und Wertetyrannei (vgl. S. 141)?

Missverstehen

(1) _____

(2) _____

(3) _____

Selbst-Illusion
(1) _____

(2) _____

(3) _____

Wertetyrannei
(1) _____

(2) _____

(3) _____

5. Wie könnte man die Situationen entschärfen oder verbessern?
(1) _____

(2) _____

(3) _____

6. Was glauben Sie: Kann das Wissen um Self-Hugging das Leben erleichtern und dazu beitragen, dass man toleranter miteinander umgeht?

_____

_____

_____

PARTNERSCHAFT: WIE SIE GEMEINSAM (UN)GLÜCKLICH WERDEN

Die individuellen Antriebs- und Werteprofile beeinflussen selbstverständlich auch Ehen und Partnerschaften. Und besonders hier können die Prinzipien des Self-Hugging noch mehr Unheil stiften als im sonstigen Alltagsleben.

Zwei Prinzipien sind für den Verlauf einer Partnerschaft maßgebend:

Das Bindungs-Prinzip: Paare bleiben zusammen oder vertiefen ihre Bindung, wenn ihre Motiv-, Werte- und Bedürfnisprofile *ähnlich* sind.

Das Trennungs-Prinzip: Paare leben sich auseinander oder entfernen sich, wenn ihre Motiv-Profile stark voneinander *abweichen*.

Als Übereinstimmung gilt, wenn ein Lebensmotiv im Motiv-Profil *beider* Partner entweder *sehr wichtig* oder *völlig unbedeutend* ist. Wenn ein Paar in einem bestimmten Lebensmotiv zusammenpasst, kann es dieses in der Beziehung befriedigen. Das gemeinsame Erleben bindet das Paar und vertieft die Partnerschaft.

Unterschiedliche Motive und Motiv-Profile können eine Partnerschaft enorm belasten – und zum Scheidungsgrund werden. Während am Anfang einer Beziehung gerade das Andere am Partner attraktiv erscheint – Gegensätze ziehen sich an –, wird im Laufe der Partnerschaft das »Gleich und Gleich gesellt sich gern« immer wichtiger. Wie Reiss herausfand, sind die Motiv-Profile in dauerhaften Beziehungen sehr viel ähnlicher als diejenigen von geschiedenen Paaren.

So wie wir uns intuitiv zu Menschen hingezogen fühlen, mit
denen wir ähnliche Werte teilen, so können wir letztlich nur in
solchen Partnerschaften glücklich werden, in denen die wirklich
wichtigen Lebensmotive und -ziele übereinstimmen.

Reiss hält es daher für sinnvoll, wenn Partner die wechselseitige »Verträglichkeit« von existenziell wichtigen Werten und Motiven kritisch und ehrlich prüfen. Zumindest sollte jeder der
Partner genau klären, inwieweit er ein abweichendes Lebensmotiv tolerieren kann und wird.

Sie können das Reiss-Profil auch nutzen, um die Motiv-, Inte-
ressens- und Wertestruktur Ihrer Partnerschaft zu erkennen. Erstellen Sie nun, wenn Sie wollen, Ihr Partner-Profil. Verwenden
Sie dazu die in der hinteren Umschlagklappe dieses Buchs einge-
legte zweite Folie. Sie können sie entweder für die Erstellung des
Motiv-Profils Ihres Partners nutzen oder darauf das Ergebnis
Ihres Partnertests eintragen.

Der Partnertest

Durchführung

Jeder Partner (A und B) erstellt zunächst anhand des Aussagen-
katalogs auf S. 114ff. sein eigenes Motiv-Profil und ermittelt seine
stark (+), schwach (–) und durchschnittlich (0) ausgeprägten Bedürfnisse, Interessen, Motive und Werte.

Anschließend übertragen Sie Ihre Werte (A) und die Ihres Partners (B) in die Spalten A und B der unten stehenden Tabelle.

Vergleichen Sie nun für jedes Lebensmotiv die Werte *paarweise*.
Dabei gibt es drei Möglichkeiten:
– gemeinsame Werte (G) für die Konstellationen +/+ oder –/–,
– neutrale Werte (N) für die Konstellationen 0/0 oder 0/– oder
 0/+ sowie

- widerstrebende Werte (W) für die Konstellationen +/– oder –/+

Notieren Sie diese Werte G, N oder W nach folgendem Beispiel in Spalte C Ihrer Tabelle.

Beispiel:

Lebensmotiv	A	B	C
Macht	+	+	G
Unabhängigkeit	–	0	N
Neugier	+	–	W
Anerkennung	0	0	N
Ordnung	0	+	N
Sparen	–	–	G
Ehre	–	–	G
Idealismus	–	+	W
Beziehungen	–	0	N
Familie	0	0	N
Status	+	+	G
Rache	0	–	N
Eros	–	+	W
Essen	–	–	G
Körperliche Aktivität	+	–	W
Ruhe	–	0	N

Ihre Tabelle:

Lebensmotiv	A	B	C
Macht			
Unabhängigkeit			
Neugier			
Anerkennung			
Ordnung			
Sparen			
Ehre			
Idealismus			
Beziehungen			
Familie			
Status			
Rache			
Eros			
Essen			
Körperliche Aktivität			
Ruhe			

Übertragen Sie nun die Werte aus Spalte C in das unten stehende Diagramm beziehungsweise auf die zweite Folie, und zwar

– alle G-Werte als + (grün)
– alle N-Werte als 0 (gelb)
– alle W-Werte als – (rot)

Verbinden Sie sie anschließend zu einer Linie: Ihrem Partner-Profil.

Ihr Partner-Profil

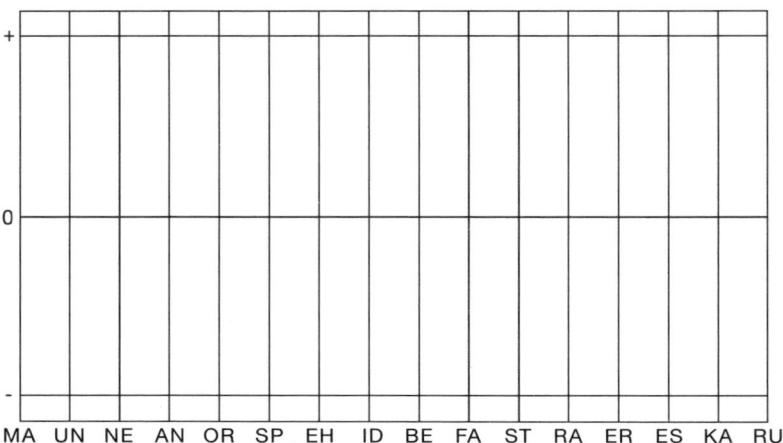

	MA	UN	NE	AN	OR	SP	EH	ID	BE	FA	ST	RA	ER	ES	KA	RU

Auswertung

Beantworten Sie folgende Fragen. Nehmen Sie sich wie beim individuellen Motiv-Profil dazu ein wenig Zeit, und formulieren Sie Ihre Antworten schriftlich.

1. Betrachten Sie zunächst den grünen Bereich: Bei welchen Motiven, Bedürfnissen, Interessen und Werten verfolgen Sie die gleichen Ziele?

_____

_____

_____

_____

_____

_____

_____

_____

_____

2. Wo liegen die roten Tiefen? Wo differieren Sie in Ihren Motiven, Bedürfnissen, Interessen und Werten erheblich?

_____

_____

_____

_____

3. Welche Auswirkungen haben die _Gemeinsamkeiten_ für die Partnerschaft: Spielen sie eine wichtige Rolle oder kommen sie nur am Rande vor?

_____

_____

_____

4. Wie beeinflussen die gegenläufigen, _widerstrebenden_ Motive und Interessen das gemeinsame Leben?

_____

_____

_____

5. Eigenperspektive:
Fühlen Sie sich von Ihrem Partner im Wesentlichen akzeptiert und verstanden?

_____

_____

In welchen Verhaltensweisen und Werten werden Sie missverstanden?

_____

_____

_____

6. Fremdperspektive:
Bewerten Sie das Verhalten Ihres Partners: Fühlt er sich verstanden?

_____

_____

_____

_____

7. Gemeinsame Perspektive:
Welche Missverständnisse gibt es?

_____

_____

_____

Wie erklären Sie diese?

_____

_____

_____

Wie könnten Sie sie gemeinsam lösen?

_____

_____

_____

Hinweis: Jede Partnerschaft benötigt zwar individuelle Beratung, falls es größere Probleme oder gar tief greifende Konflikte gibt. Allerdings kann im Alltag – unabhängig von sonstigen Arrangements – ein ebenso einfacher wie wirksamer Grundsatz die Beziehung fördern: *Verbringen Sie bewusst mehr Zeit in den Bereichen, die beiden Partnern wichtig und wertvoll sind!*

Wie gut passen wir zusammen?

Wie die bisherigen praktischen Erfahrungen zeigen, kann man mit der Theorie der 16 Lebensmotive die Frage sehr viel besser beantworten, ob oder wie gut zwei Menschen als Partner zusammenpassen: Im Gegensatz zu den traditionellen Stabilitätskriterien einer Partnerschaft oder Ehe – Persönlichkeitsmerkmale wie Intelligenz (»Sind beide Partner klug?«), Gewohnheiten (»Rauchen beide Partner?«) oder soziale Herkunft (»Sind beide Partner aus gutem Haus?«) – bewertet das Motiv-Profil die Wünsche, Bedürfnisse und Wertvorstellungen eines Paares.

Wie gut passen zwei Menschen wirklich zueinander? Da wir nicht die unzähligen problematischen Motivkonstellationen von Beziehungen diskutieren können, möchten wir die Grundlagen der Partnerarbeit mit dem Motiv-Profil anhand der allgemein gültigen 5-Schritte-Regel demonstrieren.

Diese Strukturen gelten für alle Beziehungen: ob Ehe- oder Liebespartner, Elternteil und Kind, Vorgesetzter und Mitarbeiter oder alle anderen zwei Menschen, die in einer Beziehung zueinander stehen.

Faustregel: Um die »Passung« der jeweiligen Paare zu ermitteln, muss man nicht alle 16 Lebensmotive heranziehen. Es genügt, sich auf die sehr wichtigen gemeinsamen Motive zu konzentrieren (die G-Werte im Partner-Profil).

Wenn jemand keine Extremwerte zeigt, dürfte es im Allgemeinen relativ leicht sein, mit ihm auszukommen.

1. Schritt: Bestimmen Sie die besonders wichtigen Lebensmotive von Partner A.

2. Schritt: Bestimmen Sie die besonders wichtigen Lebensmotive von Partner B.

3. Schritt: Ermitteln Sie die Stärketendenz.

Die Stärke der Beziehung resultiert aus der Art und Anzahl der starken Übereinstimmungen. Je mehr Motive die Partner gemeinsam haben, umso positiver für die Beziehung. Eine *Übereinstimmung* ist dann gegeben, wenn ein Lebensmotiv sowohl für Partner A wie auch für Partner B *sehr wichtig* ist oder beide das gleiche Motiv als *sehr unwichtig* bewerten.

4. Schritt: Ermitteln Sie die Schwächetendenz.

Die Schwäche der Beziehung resultiert aus der Art und Anzahl der widerstrebenden Motive.

Eine Diskrepanz ist dann gegeben, wenn Partner A und Partner B dasselbe Grundbedürfnis gegenläufig als sehr hoch beziehungsweise als sehr niedrig bewerten. Im Partner-Profil sind sie als W-Werte gekennzeichnet.

5. Schritt: Beachten Sie die Ausnahmen von der Regel!

Dies betrifft vor allem das Lebensmotiv der *Rache*, aber auch das Motiv *Anerkennung* kann problematisch sein.

Im Allgemeinen bedeutet ein sehr hoher *Rache*wert immer Probleme für die Partnerschaft. Unabhängig von Zorn- und Wutausbrüchen kann dies nämlich auf eine Neigung zu körperlicher Gewalt in der Partnerschaft hindeuten. Kommen zwei »Racheengel« zusammen, wird es noch schwieriger.

Ein sehr hoher *Anerkennung*swert kann bedeuten, dass die unsichere Person in der Beziehung überwiegend Bestätigung und Sicherheit sucht. Menschen mit einem solchen bedürftigen Verhalten belasten in der Regel die Partnerschaft, weil sie in der Beziehung primär ihre eigenen Bedürfnisse befriedigen möchten.

Psychologisch betrachtet ist nämlich die Gefahr groß, dass schon alltägliche Kleinigkeiten – verspätet sein, einen gemeinsamen Termin vergessen – so interpretiert werden, dass einen der Partner nicht mehr liebe. In einer gelingenden, gesunden Beziehung werden dagegen beide Partner ihre Bedürfnisse gleichberechtigt befriedigen können.

Ansonsten muss man für den Beziehungsalltag davon ausgehen, dass Probleme und Konflikte bereits dann unvermeidlich sind, wenn sich die Partner in einem Lebensmotiv stark unterscheiden. Denn die Befriedigung dieses Motivs verlangt nämlich immer »außerpartnerschaftliche« Aktivitäten.

Ein Musterbeispiel für eine Partnerschaft mit Tendenz zum allmählichen Auseinanderleben ist eine, bei der sich die Partner zunächst wegen hoher *Eros*werte finden: Die gegenseitige sexuelle Anziehungskraft und Leidenschaft bindet und »kittet« die Beziehung oder Ehe zwar für eine gewisse Zeit. Wird das erotische Feuer aber schwächer, müssen die Partner andere gemeinsame Motiv-, Wert- und Interessensgrundlagen für ihre Beziehung haben.

Wie die praktischen Erfahrungen zeigen, sind auch extrem unterschiedliche *Familien-* und *Macht*motive problematisch:

Diskrepante *Familien*werte sind für Ehen ein besonders kritischer Punkt, da die unvermeidliche »Kinderfrage« heftige Krisen auslösen kann: Während der »familienstarke« Partner früher oder später Nachwuchs haben möchte, erlebt der »familienschwache« dies als belastend und problematisch.

Dabei trügt immer die – jeweils gegenseitig gehegte – Hoffnung, den anderen mit der Zeit noch umstimmen zu können: entweder den einen dazu zu bewegen, auf den Kinderwunsch zu verzichten, oder dem anderen Kinder »schmackhaft« zu machen.

Ähnlich können gegenläufige *Macht*motive die Partnerschaft belasten: Während der ehrgeizige, leistungs- und meist karriereorientierte Partner beruflich vorankommen will, wird der wenig ambitionierte Partner mehr Engagement für die Beziehung einklagen.

Die Praxen der Ehetherapeuten sind voll von Paaren, bei denen die meist wenig machtorientierte Frau davon ausging, ihren ehrgeizigen Mann irgendwann dazu zu bringen, weniger zu arbeiten, um mehr gemeinsame Zeit zu haben. Die Hoffnung ist in vielen Fällen trügerisch: Ob der stark Machtorientierte nun ein Workaholic ist oder nicht – auf berufliche Karriere, Einfluss und Vorankommen kann und will er nicht verzichten.

Für alle anderen gegenläufigen Motive gelten die gleichen Strukturen, die Sie bereits beim Self-Hugging kennen gelernt haben. In Partnerschaften werden die jeweiligen Diskrepanzen aber noch intensiver erlebt und »ausgefochten« als beispielsweise am Arbeitsplatz, im Verein usw.

Jede Beziehung hat ihre Stärken und Schwächen – keine ist perfekt. Doch wie viele Motivdiskrepanzen kann ein Paar verkraften, bevor es Zeit ist, ernsthaft über eine Trennung nachzudenken?

Diese Frage kann auch das Motiv-Profil nicht letztgültig beantworten. Es hilft zwar, die motivationalen Aspekte einer Beziehungen zu verstehen. In der abschließenden Analyse jedoch muss jeder für sich – vielleicht auch mithilfe eines professionellen Beraters – entscheiden, ob er oder sie eine Beziehung aufrechterhalten oder beenden will.

Entscheidend für den Erhalt einer Partnerschaft sind aber immer die gegenseitige Kompromissbereitschaft und die gelebte Toleranz:

Gestalten Sie deshalb diskrepante Lebensmotive so partnerverträglich wie möglich und beachten Sie die »goldene Partnerregel«: Verbringen Sie bewusst mehr Zeit in den Bereichen, die beiden Partnern wichtig und wertvoll sind!

Motiv-Profil und soziales Netzwerk

Sie können das Partner-Profil auch nutzen, um sich anhand der folgenden Tabelle »Motiv-Profil und soziales Netzwerk« einen lebensmotivisch orientierten Überblick über Ihre wichtigsten Sozialpartner in Alltag und Beruf zu verschaffen. Auch wenn Sie dabei etwa von Ihrem Chef kein »Live«-Motiv-Profil anfertigen können, versuchen Sie einfach, ihn »intuitiv« so darzustellen, wie Sie ihn erleben.

Suchen Sie nach den jeweils besonders unterschiedlichen oder gemeinsamen Motiven, und markieren Sie diese in den Spalten »Konfliktmotive« oder »Gemeinsame Motive«.

Bewerten Sie dann mit Ihrem Wissen über die Lebensmotive und besonders über das Self-Hugging, wie diese unterschiedlichen oder gemeinsamen Lebensziele und -werte Ihre Interaktionen mit den jeweiligen Sozialpartnern beeinflussen.

	Selbst	Partner	Familie (Kind/ Eltern)	Chef	Kon- flikt- motive	Gemein- same Motive	Bemer- kungen
Macht							
Unabhän- gigkeit							
Neugier							
Anerkennung							
Ordnung							
Sparen							
Ehre							
Idealismus							
Beziehungen							
Familie							
Status							
Rache							
Eros							
Essen							
Körper- liche Aktivität							
Ruhe							

Tab. 4: Lebensmotive und soziales Netzwerk

Management, Personal- und Organisationsentwicklung: Potenziale erkennen und fördern

Das Reiss-Profil kann man im gesamten Wirtschaftsbereich sehr vielfältig einsetzen: von der Personal-, Team- und Organisationsentwicklung über Managementtraining, Coaching, Mitarbeiterführung, Verkaufsschulung, Berufs- und Karriereberatung bis zur Produktevermarktung und Werbung. Da eine detaillierte Darstellung aller Reiss-Profil-Anwendungen in der Arbeitswelt unseren Rahmen sprengen würde, möchten wir die prinzipiellen Möglichkeiten an den Beispielen Teambildung, Organisationsentwicklung und Marketing verdeutlichen.

Teambildung

Um Gruppenentwicklungen besser vorbereiten, trainieren und fördern zu können, ist es sinnvoll, das Motiv-Profil im Vorfeld einzusetzen. Dadurch lassen sich unterschiedliche Motivstrukturen der Gruppenmitglieder besser erfassen, und man kann »Ausreißer« und »Extremtypen« besser integrieren. Zur Darstellung haben wir Beispiele aus den Bereichen *Unabhängigkeit, Ordnung* und *Ruhe* gewählt.

Unabhängigkeit: Die »Solisten« und die »Herdentiere«

Man bildet eine Gruppe aus Personen mit besonders hohen Unabhängigkeitswerten und eine aus Personen mit besonders niedrigen Unabhängigkeitswerten. Diese beiden Mitarbeitergruppen diskutieren und entwickeln dann Problemlösungen zu der Frage, wie man die unterschiedlichen Bedürfnisse der Mitarbeiter nach individuellen Arbeitsbedingungen und »Teamwork« im Unternehmen ausbalancieren kann und welchen Wert die beiden Motive prinzipiell haben.

Psychologischer Hintergrund: Mitarbeiter mit besonders hohen, grünen Unabhängigkeitswerten sind »selbstgenügsam«. Sie neigen dazu, in sich selbst aufzugehen und die Fähigkeiten und Kompetenzen anderer nicht genügend wahrzunehmen und wertzuschätzen. Auf der anderen Seite bevorzugen Mitarbeiter mit roter Unabhängigkeit ein (ko-)abhängiges Teamwork: Sie bevorzugen auch dann Sitzungen und Besprechungen, wenn die Arbeit sehr viel besser individuell erledigt werden könnte.

Ordnung: Organisierte und flexible Gruppenmitglieder

Man bildet Gruppen aus den besonders Ordentlichen mit hohen beziehungsweise grünen Ordnungswerten und aus den Flexiblen, Unorganisierten mit niedrigen, roten Ordnungswerten.

Diese diskutieren dann über Fragen wie:
Wie stehen wir zu Veränderungen?
Sollen Vorschriften detailliert eingehalten werden?
Wie wichtig ist es, organisiert beziehungsweise flexibel zu sein?

Psychologischer Hintergrund: Ordentliche bevorzugen stabile, überschaubare Verhältnisse, während die Flexiblen sich eher mit schnell sich verändernden, unübersichtlichen Zuständen arrangieren können. Die Ordnungsliebenden werden im Arbeitsalltag immer versuchen, ihren Bedürfnissen entsprechende Umgebungen herzustellen, während die Flexiblen auch dann zu Veränderungen neigen, wenn dies der Firma nicht hilft.

Ruhe: Vorsichtige und risikofreudige Gruppenmitglieder

Man teilt die Mitarbeiter in Gruppen mit roten und mit grünen Ruhewerten. Diese diskutieren dann über die Frage, wie und ob man im Unternehmen/Management Risiko und Sicherheit im Gleichgewicht halten kann oder soll.

Psychologischer Hintergrund: Mitarbeiter mit niedrigen, roten Ruhebedürfnissen lieben das »Abenteuer« – und neigen auch dann zu riskantem Verhalten, wenn es völlig unnötig ist. Die »Grünen« als die Ruhigen und Ängstlichen dagegen sind auch dann vorsichtig und risikoscheu, wenn es um überschaubare Entscheidungen geht oder neue geschäftliche Entwicklungen gesucht werden müssen.

Organisationsentwicklung und Change-Management

Um Veränderungs- und Entwicklungsprozesse zu fördern, kann man beispielsweise folgenden, durch das Motiv-Profil gestützten Prozess initiieren.

1. Das Motiv-Profil bei Managern und/oder Mitarbeitern anonym anwenden und dem Test einen Fragebogen über eine Unternehmensinitiative anschließen. So könnte man beispielsweise über eine firmenintern umstrittene Restrukturierungsmaßnahme folgendes Rating anfügen:
»Meine Einstellung gegenüber der geplanten Restrukturierung kann man am besten beschreiben als
(1) Ich unterstütze sie stark.
(2) Ich unterstütze sie im Wesentlichen, habe aber Einwände.
(3) Ich habe noch keine feste Meinung.

(4) Ich finde sie nicht gut, sehe aber auch gewisse Vorteile.
(5) Ich lehne sie ab.«
2. Das Motiv-Profil der Befürworter und der Gegner getrennt analysieren.
3. Die Motive identifizieren, die systematisch mit der Unterstützung einhergehen. Vermutlich werden risikofreudige Mitarbeiter umso wahrscheinlicher pro Restrukturierung stimmen.
4. Im Trainingsprozess ein besseres Verständnis dafür entwikkeln, warum manche Mitarbeiter den Veränderungsprozess befürworten und manche nicht – und was dafür getan werden kann, um die Gegner besser zu integrieren.
5. Trainingspläne entwerfen, wie das Management die »Opposition« ansprechen und die gesamte Belegschaft vereinen kann.

Dazu ein Beispiel: Ein großer Automobilkonzern hat angekündigt, Produktionsanlagen zu schließen und ein langjähriges Erfolgsmodell nicht weiterzubauen. Bei einer firmeninternen Befragung erstellen 500 Mitarbeiter ihr Motiv-Profil und geben eine anonyme Lagebeurteilung ab. Demnach sind 200 streng gegen die Pläne des Managements, 200 haben Zweifel und Vorbehalte, und nur 100 finden die geplanten Maßnahmen gut.

Wie die Motiv-Profile der drei Gruppen zeigen, sind unter den Gegnern am häufigsten Menschen mit starken Ordnungsbedürfnissen, ausgeprägter Ehre und geringen Machtmotiven. Die ausgeprägte Ordnung motiviert den Widerstand gegen die Veränderung, die hohe Ehre die Loyalität gegenüber der Vergangenheit und Firmentradition, während die geringen Machtwerte auf schwache Leistungsmotivation hinweist.

Die Befunde werden mit den Managern im Teamtraining diskutiert, um effektive Lösungen zu suchen: So sollte das Unternehmen traditionelle Werte betonen, die auch unverändert bleiben, um die Belegschaftsbedürfnisse nach Stabilität zu befriedigen. Die Ehre wäre angesprochen, wenn die Veränderung im Dienste traditioneller Werte stünde, und die Leistungsbereitschaft könnte man stärken, wenn deutlich würde, dass die Veränderung nur für einige Mitarbeiter Mehrarbeit bedeutet.

Marketing und Konsumentenpsychologie

Im Bereich des Marketings und der Werbung spielen das Reiss-Profil und das Konzept der Lebensmotive eine wichtige Rolle, weil es unmittelbar mit dem Fundament der werbepsychologischen »AIDA-Prämisse« zusammenhängt – Attraction (Aufmerksamkeit erregen), Interest (Interesse wecken), Decision (Entscheidung pro beworbenem Produkt), Action (Kauf).

In der Praxis heißt das für die Werbenden: Wenn sie ihre jeweilige Zielgruppe für sich gewinnen wollen, dann müssen ihre Anzeigen, Werbekampagnen und Produktpräsentationen die grundlegenden Lebensmotive und Wertvorstellungen dieser Menschen ansprechen. Letztlich handelt es sich also um ein idealisiertes »Reiss-Gruppenprofil«, da die potenziellen Konsumenten am günstigsten auf das jeweilige Produkt-Marketing reagieren, wenn deren »emotionale Botschaften« mit den grundlegenden Motiv- und Interessensprofilen korrespondieren. Umgekehrt reagieren Menschen negativ auf jede Werbung, die ihren Wert- und Motiv-Profilen widerspricht.

Für die Marketing-Praxis würde das also bedeuten, dass Werbepsychologen und Marketingexperten im Vorfeld einer Produktkampagne in einer hinreichend großen Stichprobe nicht nur – wie üblich – Interviews über die Konsumgewohnheiten ihrer Zielgruppe führen, sondern mit dem Reiss-Test auch deren Motiv-Profile ermitteln. Eine psychologische Gesamtauswertung im Sinne des Reiss-Gruppenprofils verweist dann auf deren le-

bensmotivisch zentrale Wertvorstellungen und damit einherge-
hende Konsumvorlieben.

Aufgrund dieser Kenntnisse können dann Werbetexter, Desig-
ner etc. an ihre Arbeit gehen und überlegen, wie sie das Produkt
am besten »verkaufen«, um die Konsumenten auch wirklich zu
erreichen.[32]

Die folgende Tabelle zeigt einige zufällig gewählte Beispiele, wie
Firmen- oder Produktslogans mit Lebensmotiven zusammenhängen:

Slogan	Bereich	Emotionale/s Motiv/e	Lebensmotiv/e
Keiner kann es besser.	Haus/ Heimwerker	Perfektion Ehrgeiz/ Kompetenz	grüne Ordnung grüne Macht
Verbindet Menschen weltweit.	Telekommunikation	Nähe zu anderen dazugehören	grüne Beziehung grüne Anerkennung
Dahinter steckt ein kluger Kopf.	Medien	Wissensvorsprung elitär	grüne Neugier grüner Status
Nichts zwischen mir und meiner Jeans.	Kleidung	sinnlich sein	grüner Eros
Tomorrow's Classics	Uhren	besonders wertvoll und modern Schönheit	grüner Status grüner Eros
Die Nr. 1 für Ihre Ziele!	Investment	Perfektion Ehrgeiz Reichtum	grüne Ordnung grüne Macht grüner Status
Hat Klasse, schmeckt klasse.	Wein	Genuss sich etwas Gutes tun	grüner Eros grüne Anerkennung

Slogan	Bereich	Emotionale/s Motiv/e	Lebens- motiv/e
System mit Sinn	Hauselektronik	praktisch	grüne Ordnung
Schmilzt im Mund und nicht in der Hand.	Ernährung	Sauberkeit	grüne Ordnung
The Generation	Getränke	Jugend Besonderssein	grüne Unabhängigkeit grüner Status

Tab. 5: Die Rolle der Lebensmotive in Werbung und Marketing

Insgesamt betrachtet sind die Einsatzmöglichkeiten des Reiss-Profils in Management, Weiterbildung, Personal- und Organisationsentwicklung, Verkaufsschulung, Coaching oder Marketing vor allem auch deswegen so vielversprechend, weil dieses Instrument eine ideale *Ergänzung* für alle gängigen Verfahren darstellt – ob zu Denk- und Verhaltensstilanalysen wie HDI, DISG, LIFO, Insights, MBTI oder Persönlichkeitstests wie Cattels 16-PF, FPI, MMPI, BIP oder Neo-FFI. Da keines dieser Verfahren die Motiv- und Antriebsstruktur eines Menschen im Sinne der fundamentalen Lebensmotive wirklich grundlegend erfasst, kann das Reiss-Profil sie um die Motivdimension vertiefen und vervollständigen.

So hat beispielsweise das so genannte »Big-Five-Modell« als gegenwärtig wichtigstes Konzept der Persönlichkeitspsychologie keine motivationspsychologischen Fragen formuliert und beantwortet. Das Big-Five-Testverfahren – das Neo-Fünf-Faktoren-Inventar (Neo-FFI) – ermittelt unterschiedliche Ausprägungen in den (Big-Five-)Dimensionen Neurotizismus, Extraversion, Offenheit für Erfahrung, Verträglichkeit und Gewissenhaftigkeit.[33]

Eine besonders sinnvolle Doppelanwendung ist beim Myer-Briggs-Typenindikator (MBTI) gegeben. Dieser Test basiert auf der Persönlichkeitstheorie von C. G. Jung, wobei die Testskalen Außen-/Innenorientierung, Urteilen/Wahrnehmen, Sinnlich/Intuitiv und Analytisch/Gefühlsmäßig eine Zuordnung zu einem von insgesamt 16 Persönlichkeitstypen ermöglichen. Amerikanische Untersuchungen zeigen, dass einige dieser Typen in bestimmten Berufen oder Berufsgruppen überzufällig oft vorkommen.

Wenn man nun die Befunde der jeweiligen Denk- und Persönlichkeitsstile des MBTI mit denjenigen des Reiss-Profils – oder umgekehrt – vergleicht und gemeinsam berücksichtigt, lassen sich sehr differenzierte Erkenntnisse gewinnen.

Die folgende Aufzählung einiger besonders typischer Motivkonstellationen aus der Vielzahl möglicher RP-Kombinationen verdeutlicht, wie das Reiss-Profil dabei eingesetzt werden kann:

»Erfolgstypen«

grüne Macht
grüner Status
Diese Motivkonstellation spricht für sich: Hier geht es um die wirklichen »Macher« und Karrieristen.

»Teamplayer«

grüne Beziehungen (sozialkompetent)
grüne Unabhängigkeit (offen)
rote Ordnung (flexibel)
rote Anerkennung (kritikfähig)

Wenn man in seinem Betrieb oder in seiner Abteilung wirklich mannschaftsdienliche und -fähige Mitspieler braucht, dann ist jeder (Personal-)Manager mit solchen Mitarbeitern bestens beraten.

Stressfähige Neuerer

rote Ruhe (stressresistent)
grüne Unabhängigkeit (offen)
rote Familie (ungebunden)
In Zeiten der Globalisierung entspricht diese Motivkonstellation dem Typ des überall einsetzbaren und belastbaren Kollegen, der dann zu höchster Form aufläuft, wenn er, auf sich selbst gestellt, die Herausforderung meistern muss.

Asketen (»Buchhalter«)

grüne Ordnung (organisiert)
roter Eros (nicht ablenkbar)
Auch wenn man überall nach dem kreativen, eigenständigen Mitarbeiter ruft – dieser penible, durchorganisierte und »unsinnliche« Mitarbeitertypus ist überall da richtig, wo es um die genaue Durchführung festgelegter Verfahrensabläufe geht.

Im folgenden Kapitel skizzieren wir anhand einer prägnanten Charakteristik, wie die Ergebnisse des Reiss-Profils helfen können, auch bei der Berufswahl oder Karriereplanung den richtigen Weg zu finden. Auch hier kann es nur darum gehen, die prinzipiellen Möglichkeiten zu verdeutlichen – im Einzelfall würde eine Berufsberatung auf der Grundlage des Reiss-Profils sehr viel differenzierter ausfallen.

Beruf:
Arbeits(un)zufriedenheit und Karriere

Von entscheidender Bedeutung für die Bereiche Berufsfindung, Arbeitszufriedenheit und Karriereplanung sind die Lebensmotive *Macht, Anerkennung, Ordnung, Status, Rache* und *Ruhe*.

Macht: Menschen mit *roter Macht* mögen keine Berufe, in denen sie mit Führungs- oder Aufsichtspositionen betraut werden oder (über)lange Arbeitszeiten haben.

Anerkennung: Menschen mit *grüner Anerkennung* hassen es, häufig, streng oder öffentlich bewertet zu werden. Sie brauchen einen Beruf, in dem sie kaum oder zumindest nicht allzu stark »beaufsichtigt« oder beurteilt werden.

Ordnung: Menschen mit *grüner Ordnung* brauchen einen geordneten, geregelten Beruf, um sich wohl zu fühlen – etwa als Finanzbeamter oder Richter.

Status: Menschen mit *grünem Status* müssen mit dem Prestigewert ihres Jobs zufrieden sein. Ihre Kriterien sind in der Regel Aufstiegschancen, die Möglichkeit, berühmt zu werden, klangvolle Titel, ein hohes Gehalt und informelle Symbole wie das Berufsimage oder der eigene Parkplatz.

Rache: Personen mit *roter Rache* hassen Konkurrenz und Konflikte. Mit aufgebrachten Kunden umgehen, aggressives Verkaufen oder einen Plan beziehungsweise eine Position verteidigen sind ihre Sache nicht.

Ruhe: Menschen mit *grüner Ruhe* brauchen einen Beruf, dessen Ausmaß an Stress, Risiko oder persönlicher Gefährdung denkbar gering ist und sie so in Frieden arbeiten lässt.

Die folgenden Erläuterungen zeigen, wie bei der Berufs- und Karriereberatung auch die anderen Werte des Motiv-Profils gedeutet werden können. Im Einzelfall müssen sie jedoch sehr viel differenzierter interpretiert werden.

Unabhängigkeit: *Grüne Unabhängigkeit* deutet auf die Neigung hin, Berufe abzulehnen, die mit einer Abhängigkeit von anderen verbunden sind.
Rote Unabhängigkeit signalisiert, dass der Betreffende Teamarbeit schätzt.

Neugier: *Grüne Neugier* lässt vermuten, dass der Betreffende sich in Berufen wohl fühlt, die intellektuelle »Wachheit« erfordern: beispielsweise strategisches Planen, kreative Problemlösung, Marktanalysen oder der Umgang mit technischen Handbüchern oder Datenbanken.
Rote Neugier dagegen lässt auf eine Abneigung des Betreffenden gegen alle Aspekte eines Berufes schließen, die geistige Regsamkeit erfordern.

Sparen: *Grünes Sparen* deutet auf eine Neigung zu Berufen hin, die etwas mit Sammeln im weitesten Sinne zu tun haben – etwa als Lagerist, Archivar etc.

Ehre: *Grüne Ehre* weist auf ein Bedürfnis nach einem Arbeitgeber hin, der ehrlich, redlich und offen ist und seine Kunden fair behandelt. Menschen mit grüner Ehre werden kaum Berufe wählen, bei denen von ihnen verlangt wird, dass sie andere täuschen oder übervorteilen.

Idealismus: *Grüner Idealismus* lässt eine Neigung zu »sozialen« Berufen vermuten – bei denen sie beispielsweise die Gerechtigkeit fördern, den Armen helfen, dem Gemeinwohl nützen oder sich mit humanitären Fragen befassen können.

Beziehungen: *Grüne Beziehungen* deuten darauf hin, dass der Betreffende sich zu Berufen hingezogen fühlt, die soziale Interaktionen mit anderen Menschen erfordern – zum Beispiel Politik,

Verkauf, Lehre, Consulting, Coaching, Fundraising und Psychologie.

Rote Beziehungen lassen eine besondere Abneigung gegen diese Jobs vermuten.

Familie: *Grüne Familie* deutet auf das Bedürfnis nach einem Beruf hin, der sich mit Elternschaft verträgt. Hier bieten sich Heimarbeit oder Teilzeitjobs an. Menschen mit grüner Familie werden Berufe meiden, die mit Reisen verbunden sind oder mit Arbeitszeiten, die sie mit ihren elterlichen Pflichten in Konflikt geraten lassen.

Eros: *Grüner Eros* legt eine Neigung zu Berufen nahe, die »erotisch« getönt sind oder sich um Schönheit und Ästhetik drehen – wie etwa Modelling, Fotografie oder Schauspiel.

Roter Eros lässt vermuten, dass der Betreffende diesen Aspekten eines Berufs eher abgeneigt gegenübersteht.

Körperliche Aktivität: *Grüne Körperliche Aktivität* lässt erwarten, dass der Betreffende sich zu Berufen hingezogen fühlt, die körperliche Ausdauer oder Kraft erfordern. Vermutlich mag er oder sie keine Berufe, die mit langem Sitzen verbunden sind und wenig Zeit für körperliche Betätigung lassen.

Rote Körperliche Aktivität könnte auf eine Abneigung gegen Berufe hindeuten, die Kondition oder Kraft erfordern.

Essen: *Grünes Essen* lässt vermuten, dass der Betreffende Berufe mag, die mit der Zubereitung, dem Servieren oder dem Verzehr von Speisen verbunden sind.

Im Individualfall spielen solche oder ähnliche Überlegungen aufgrund der Reiss-Profil-Befunde selbstverständlich auch bei der motivationalen Mitarbeiterförderung oder dem Coaching eine wichtige Rolle.

Unter den Vorzeichen der karriereöffnenden Berufsfindung finden Sie nun einen Reiss-Profil-gestützten Fahrplan zum Traumjob.

Sieben Schritte zum Traumjob

Im Allgemeinen empfinden wir unsere Arbeit dann als erfüllend, wenn wir einen Beruf ausüben, der unsere wichtigsten Lebensmotive befriedigt. Selbstverständlich müssen wir auch über die entsprechenden Fähigkeiten verfügen, um die Arbeit gut zu machen, aber wir werden andererseits keine Arbeitszufriedenheit erreichen, wenn wir einfach den Job ausführen, den wir am besten können. Wir werden auch dann keinen befriedigenden Job finden, wenn wir uns hauptsächlich an der Höhe des Gehalts orientieren.

Im Anschluss finden Sie einen lebensmotivorientierten Sieben-Schritte-Plan zum Traumjob, der von Steven Reiss formuliert und von uns überarbeitet wurde.

Schritt 1: Erstellen Sie Ihr Motiv-Profil.(Das Motiv-Profil – das sei hier noch einmal betont – vermittelt nur eine grundsätzliche Orientierung, ohne die Genauigkeit und Differenziertheit des des viel umfangreicheren Reiss-Profils zu erreichen.)

Schritt 2: Fertigen Sie mithilfe der entsprechenden Literatur eine Liste aller Tätigkeiten an, die Ihnen interessant und sinnvoll für Sie erscheinen.

Schritt 3: Beantworten Sie nun die folgenden Fragen:

(1) Hat der Berufsweg oder der Beruf selbst das Potenzial, Ihre Ansprüche zu befriedigen? (Nur relevant, wenn Sie hohe Machtwerte haben.)

(2) Kommen Sie damit klar, dass Sie einen Vorgesetzten haben und dass Ihre Arbeit kontrolliert wird? (Nur relevant, wenn Sie hohe oder niedrige Machtwerte haben.)

(3) Kommen Sie klar mit dem durch diesen Beruf vorgegebenen Verhältnis von Teamarbeit und eigenständiger Arbeit? (Nur relevant, wenn Sie hohe oder niedrige Unabhängigkeitswerte haben.)

(4) Stellt Sie das intellektuelle Niveau, das die zukünftige Arbeit erfordert, zufrieden? (Nur relevant, wenn Sie hohe oder niedrige Neugierwerte haben).

(5) Kommen Sie klar mit dem arbeitsbedingten Maß an Flexibilität beziehungsweise den Regulierungen durch den Tagesablauf? (Nur relevant, wenn Sie hohe oder niedrige Ordnungswerte haben.)

(6) Fühlen Sie sich angesichts des von Ihnen erwarteten Grads an Loyalität gegenüber Ihrem Unternehmen oder Ihrem Produkt wohl? (Nur relevant, wenn Sie hohe oder niedrige Ehrewerte haben.)

(7) Stellen Sie die »ethischen« Aspekte Ihrer Arbeit zufrieden? (Nur relevant, wenn Sie hohe Ehrewerte haben.)

(8) Stellt Sie das Maß zufrieden, in dem Ihre Arbeit im Dienst der Gesellschaft steht? (Nur relevant, wenn Sie hohe Idealismuswerte haben.)

(9) Sind Sie mit dem Maß an Kontakten zufrieden? (Nur relevant, wenn Sie hohe oder niedrige Beziehungswerte haben.)

(10) Deckt sich Ihre Karriere oder die Art Ihrer Arbeit mit Ihren Plänen für eine Familie? (Nur relevant, wenn Sie hohe Familienwerte haben.)

(11) Stellt Sie der Prestigefaktor Ihres Berufs, Ihres Titels und Ihrer Firma zufrieden? (Nur relevant, wenn Sie hohe Statuswerte haben.)

(12) Kommen Sie klar mit dem Maß an Aggressivität und Wettbewerbsorientierung, das von Ihnen erwartet wird? (Nur relevant, wenn Sie hohe oder niedrige Rachewerte haben.)

(13) Kommen Sie klar mit dem Maß an physischer Arbeit, das von Ihnen erwartet wird? (Nur relevant, wenn Sie hohe oder niedrige Körperliche Aktivitätswerte haben.)

(14) Können Sie mit der Menge an Stress gut umgehen, die dieser Beruf mit sich bringt? (Nur relevant, wenn Sie hohe oder niedrige Ruhewerte haben.)

Nachdem Sie diese Fragen *für jeden von Ihnen erwogenen Beruf* beantwortet haben, erstellen Sie eine Liste derjenigen Berufe, die Ihre wichtigsten grundsätzlichen Sehnsüchte am besten befriedigen. **Beachten Sie dabei, dass jeder Beruf alle Ihre wichtigen (grünen) Lebensmotive integriert** – zumindest alle bis auf eines.

Schritt 4: Sehen Sie sich Ihre Liste noch einmal an, und konzentrieren Sie sich insbesondere auf *Anerkennung*: Streichen Sie von Ihrer Liste all die Berufe, bei denen Sie einem Grad an Kritik ausgesetzt wären, mit dem Sie nicht umgehen können. Also alle Tätigkeiten, die häufige oder öffentliche Beurteilungen oder Auftritte vor einem Publikum beinhalten. Anwälte können viele ihrer Prozesse, Sportler viele ihrer Spiele, Politiker viele ihrer Wahlen verlieren – und Autoren sehen sich einer häufigen Ablehnung ihrer Manuskripte gegenüber.

Wenn Sie von sich meinen, dass Sie solche Zurückweisungen nur schlecht vertragen können, dann sollten Sie die Finger von dieser Tätigkeit oder diesem Berufsweg lassen. Sollten Sie dagegen nur ein durchschnittliches oder niedriges Verlangen nach Akzeptanz haben, dann können Sie diese Berufe auf Ihrer Liste belassen.

Schritt 5: Lassen Sie all die Berufswege oder Tätigkeiten außer Betracht, für die Sie nicht die richtigen *Fähigkeiten* haben. Eventuell könnten Sie erwägen, notwendige Zusatzausbildungen zu machen.

Schritt 6: Sehen Sie sich Ihre Liste nun erneut an, und konzentrieren Sie sich auf Beziehungen: Streichen Sie alle Berufe, die ein Maß an sozialen Interaktionen von Ihnen verlangen, das Ihr Interesse daran deutlich übersteigt.

Schritt 7: Wählen Sie nun unter den auf Ihrer Liste verbleibenden Berufen einen aus – da alle auf der Grundlage Ihres Werte- und Motiv-Profils in Ordnung sind, könnte nun tatsächlich das Gehalt zum entscheidenden Kriterium werden ...

ALLES IN ALLEM:
ICH BIN GUT GENUG!

Freiheit ist immer
nur Freiheit des Andersdenkenden.

ROSA LUXEMBURG

Seit der Zeitenwende des New Yorker 11. September ist für den Westen noch unklar, ob der Weg von der Spaß- in eine Angstgesellschaft führt, wie viele Chronisten befürchten, oder die abendländischen Kulturen sich als eine erneuerte Wertegemeinschaft weiterentwickeln.

Das Reiss-Profil, das die Kenntnis der Lebensmotive und der individuellen Gestaltung des jeweiligen Motiv-Profils im Lebensentwurf vermittelt, kann für diese Weiterentwicklung einen wichtigen Beitrag leisten. Denn es formuliert ein kluges Plädoyer für die Essentials moderner Gesellschaften: Wertepluralismus, Individualität und Toleranz – sich selbst und anderen gegenüber. In Anlehnung an eines der wichtigsten Zitate der Ideengeschichte könnte man auch sagen: Freiheit ist immer die Freiheit des Andersmotivierten – zumindest fast immer.

Dieser im besten Sinne werte- und glücksorientierten Toleranz sind folgende Zeilen von H. Volpone gewidmet:

Ich bin ich – und gut genug
Ich bin weich – und manchmal hart
Manchmal grob – und manchmal smart
Nicht nur dumm – auch manchmal schlau
Manchmal bunt – und selten grau
Nicht nur gut – und nicht nur schlecht
Nicht nur falsch – und nicht nur recht
Ich bin ich – und von jedem ein Stück
Ich bin gut genug – und das ist mein Glück
Alles zusammen ist ganz schön viel
Das nie zu vergessen, das ist mein Ziel[34]

Spaßgesellschaft und Lifestyle:
Die Jagd nach dem großen Glück?

Trotz jeder Menge Fun, Events und Genuss: In der Spaßgesellschaft sind die Menschen offenkundig nicht so glücklich, wie sie es sich wünschen, wie sie es zu sein vorgeben – oder sein sollten. Warum ist das so?

»Erlebe dein Leben!«, formuliert der Soziologe Gerhard Schulze den Imperativ unserer Erlebnis- und Spaßgesellschaft: Jeder soll sein persönliches Glück nach Kräften verwirklichen. Gut drauf sein ist in und hip – und voll krass gut. Das umfassende Angebot zum Glücks-Shopping und -Hopping ist verlockend: vom Abenteuerurlaub oder dem ultimativen Glückskick des Extremsports bis zu Tantra-Seminaren in der nächsten Volkshochschule und reichlich Fun und Entertainment in den Medien.

Hilft uns die modisch gewordene Lockerheit und Spaßigkeit, mit den Herausforderungen unserer Zeit besser umzugehen? Stressfreier und gelassener auf die Verunsicherungen einer sich rasant verändernden, unübersichtlichen Umwelt zu reagieren? Die empirischen Zahlen verneinen dies: Depressive Störungen beispielsweise haben sich in den letzten vier Jahrzehnten im Westen verzehnfacht.

Auch andere Störungen steigen gleichzeitig geradezu epidemisch: Angst- und Suchtstörungen wie Alkohol- und Drogenabhängigkeit, die Selbstmordrate, die Häufigkeit von Gewalttaten. Allein in Europa haben sich nach Angaben der Weltgesundheitsorganisation WHO psychische Krankheiten und Störungen in den letzten zwanzig Jahren mindestens verdoppelt.

In anderen Worten: Alles in allem hat sich nicht unser Glückspotenzial entwickelt, sondern das Unglück. Gib Gas – ich will Spaß?

Neueste Erhebungen bestätigen zudem, dass Konsum eben nicht zum höchsten aller Gefühle führt, wie es die Werbung suggeriert. Weder Geld, Karriere noch Fun machen glücklich: »Shopping & F…ing« sind keine Heilsbringer, wie die Daten der so genannten »Welt-Glücksstudie« von Ronald Ingleharts nachhaltig bestätigen. Der Studie zufolge steht gerade nicht der reiche Westen ganz oben auf der Liste und besser da, sondern Nigeria und andere Länder mit geringem Entwicklungs- und Wohlstand. Bekundeten 1957 noch 35 Prozent aller Amerikaner, dass sie mit ihrem Leben »sehr zufrieden« seien, meinen dies 40 Jahre später trotz deutlich gestiegenem materiellen Lebensstandard nur noch 30 Prozent. Und die Humorforscher berichten, dass wir heute nur noch durchschnittlich sechs Minuten pro Tag lachen, während in den 50er Jahren mit immerhin 16 Minuten dreimal so häufig gelacht wurde.

Das Jagd nach dem »konsumtiven Glück« scheint also vergeblich. Die neue Wissenschaft der Glücksforschung, die »Happyologie«, bestätigt deutlich, dass passiver Konsum nach der Devise »kaufe und konsumiere dich glücklich« das Geschäft unseres Lebensglücks nicht befördert. In den meisten Fällen führt die Masse an Fun- und Event-Kicks nur dazu, dass die Sinne abstumpfen und die Reizdosis erhöht werden muss. Unserem Lebensglück dient das *hedonistische* Leben auf der Überholspur der Spaßgesellschaft jedenfalls nicht sonderlich – es macht viele Menschen eher unglücklich und krank.

Ähnlich kritisiert der Psychologe Wolfgang Schmidbauer die verbreitete »Siegermentalität« als psychologischen Irrweg: »Glück«, so gaukle uns die Werbung vor, »heißt mühelose Bereicherung.« Wer aber so denkt, fühlt und lebt, der wird früher oder später auch kleine und völlig normale unausweichliche Misserfolge oder Frustrationen als Niederlagen erleben – und sich selbst als einen gescheiterten Verlierer. Die ebenso kultivierte wie lifestyleerfahrene Modepäpstin Vivienne Westwood urteilt noch eindeutiger: Unsere Gesellschaft sei eine »hässliche Spaßgesellschaft«.

Dennoch: Was sollte an Fun- und Spaß-haben-Wollen als großem Lebensentwurf so tadelnswert sein?

Eine Analyse des Psychologen und Humorforschers William Fry zeigt, dass Lebensfreude viele Quellen hat – Spaß ist nur eine davon. Wirklicher Humor hat allerdings immer einen Weggefährten: die Empathie. Humor, der nicht »mitfühlend« ist, ist kein Humor – dort hört der Spaß auf.

Gerade darin unterscheidet sich Humor von aggressiven, hinterhältigen oder anderen, unter der Maske von Fun versteckten Bösartigkeiten. Vieles, was heute als »Spaß« gilt, so Fry, sei letztlich nur zynisch – und Zynismus darf man nie als Humor oder humorvolles Verhalten missverstehen.

Bei all dem können das Reiss-Profil und die Theorie der 16 Lebensmotive neue Wege zeigen. Schaut man beispielsweise genauer auf die empirischen Grundlagen dessen, was die werteorientierte »Glücksforschung« über ein sinnvolles Leben herausfand, wird noch deutlicher, dass das Reiss-Profil ein idealer Wegbegleiter auf der weiteren Reise sein kann.

So betonen auch die Glücksforscher, dass die Frage nach dem Sinn absolut wesentlich ist. Sinn erleben wir vor allem in den Dimensionen *Ziele*, *Werte* und *Kontrolle*. Bei Lichte betrachtet sind alle diese Sinn- und Glücksdimensionen *lebensmotivisch* geprägte Phänomene.

Ziele: Wer glaubt, ohne in irgendeiner Weise verpflichtende Zielvorgaben glücklicher zu leben, gibt sich einer Illusion hin: Es gehört zu den anthropologischen Bedingungen unseres Leben, etwas bewirken und schaffen zu wollen.

Aus der Perspektive der Lebensmotive: Das Reiss-Profil ist der ideale »Zielfinder«.

Werte: Feste Wertvorstellungen und Überzeugungen sind der Humus für unsere psychische und seelische Entwicklung. Ohne übergeordnete Welt- und Lebensbilder können wir als »transzendentale« Wesen nicht leben. So versuchen auch alle religiösen, spirituellen, philosophischen, wissenschaftlichen und politischen Denkgebäude, diese Sinn- und Wertedimension zu »bedienen«.

Aus der Perspektive der Lebensmotive: Das Reiss-Profil ist der ideale »Wertelieferant«.

Kontrolle: Wer sich machtlos fühlt, lebt ein sinnloses und unglückliches Leben. Andauernder Kontrollverlust ist oft auch direkte Ursache schwerer Depressionen. Sich dagegen als kompetent und wirkungsvoll zu erleben, ist fast so etwas wie eine psychologische Lebensversicherung für Sinn, Wohlbefinden – und Glück.

Aus der Perspektive der Lebensmotive: Jede kluge Interpretation des Reiss-Profils ist eine vorzügliche Anleitung, wie man sein Dasein »kontrollieren« kann.

Lebensentwurf: Werde, der du bist!

Gnothi seauton: Erkenne dich selbst. Versteht man die Lebensmotive und den klugen Umgang mit dem Reiss-Profil als zeitgenössische »Anleitung zum Glücklichsein«, ist es sinnvoll, sich nochmals über die tiefere Bedeutung von Glück zu verständigen.

Wohlbefinden, Lebenszufriedenheit und Glück sind sicherlich keine Konzepte, die von der modernen Psychologie erfunden worden wären. Als große Menschheitsfragen nach dem wahren, schönen und glücklichen Leben haben sie vielmehr eine lange Tradition in der Kulturgeschichte. Vor allem Aristoteles, Seneca und Epikur machten sich kluge Gedanken über die Lebenskunst und das glückselige Leben als höchstem Gut. Dieses »Höchste« bezeichneten die Griechen als *eudaimonia* (»Eudämonie«) und unterschieden es sehr deutlich vom Hedonismus.

Unser Motiv- und Werteprofil ist aber noch mehr: eine Art Blaupause unseres Charakters, unseres Lebensentwurfs oder -plans, den Nietzsche so formulierte: »Werde, der du bist!«

Den psychologisch neuen Stand der Dinge dokumentierte *Psychologie Heute* im Oktober 2000 mit der Titelgeschichte: ›Der Charakter: Wie wir werden, was wir sind‹. Wie Psychologen herausfanden, sollten wir dem Älterwerden nicht mit Sorge entgegensehen, sondern es als einen Reifungsprozess verstehen. Erst im Laufe eines langen Lebens entwickeln wir uns zu dem, was wir sind: eine markante, unverwechselbare und einzigartige Persönlichkeit.

Auch die Befunde der Lebenslaufforscherin Jutta Heckhausen bestätigen dies. Trotz oft tiefer gehender Veränderungen ziehen viele ältere Menschen eine positive Lebensbilanz, weil sie auch dann ausgeglichen und handlungsfähig bleiben, wenn sie Krankheiten, Schicksalsschläge oder andere größere (und kleinere) Probleme erleben. »Das Wohlbefinden verändert sich bei älteren Leuten auch dann nicht wesentlich«, so die Psychologin, »wenn sich ihre Lebenssituation verschlechtert.« Insgesamt gesehen, gibt es sogar eine Abnahme des negativen Affekts: Je älter Menschen werden, desto gelassener verhalten sie sich und desto positiver wird ihr Gefühlshaushalt.

Diese positive Entwicklung scheint elementar von einem klugen Umgang mit den eigenen Lebensmotiven abzuhängen, da »ältere Menschen insgesamt ihre Ziele besser anpassen und relativieren«, wie Heckhausen betont. Ältere finden sich sehr viel besser damit ab, nicht alles und jedes tun zu können, weil sie trotz abnehmendem Aktionsradius versuchen, die ihnen gebliebenen Möglichkeiten auszuschöpfen und so gut wie möglich die wirklich wichtigen Dinge zu realisieren. Zum Beispiel beim Lebensmotiv Körperliche Aktivität: Ältere »Sportsfreunde« verzichten etwa auf das körperlich zu belastende Squash, um in einfacheren Disziplinen wie Tennis, Golf oder Wandern genauso viel Freude und Glück zu erleben.

Lebenskunst ist vor allem »Arbeit an sich selbst«. Ein dauerhaftes Glück, erkannte auch Bertrand Russell, basiert auf Selbstkontrolle. Im Gegensatz zum konsumtiven Fun und dem lockeren Wohlfühlglück müssen wir für unser wertebasiertes Glück etwas tun: uns bewusst engagieren für das, was uns wichtig und wertvoll ist, uns hingeben, die Dinge mit Leib und Seele, zumindest mit Begeisterung, tun.

Hat man dies richtig verstanden, dann erscheinen einem die Glücksritter der Event- und Spaßgesellschaft wie Schönwetterkapitäne, die bei jedem Lebenssturm die Orientierung verlieren.

»Sich ein schönes Leben zu machen«, erklärt der Philosoph Wilhelm Schmid den existenziellen Imperativ der Lebenskunst, »bedeutet glücklich zu werden, indem man sein Dasein so gestaltet, dass es *bejahenswert* ist.« Es gebe nur eine einzige wirkliche

Sünde gegen das Lebensglück: ein Leben zu führen, das nicht bejaht werden könne.

Und welches Leben könnte aus individueller Sicht bejahenswerter sein als das lebensmotivisch orientierte Dasein, in dem man – aus der Kenntnis seiner Interessen, Bedürfnisse und Werte heraus – in Einklang mit sich selbst lebt?

Man muss beachten, wie sehr sich Eudämonie und Hedonismus unterscheiden. Auch wenn ein eudämonischer Mensch sich ganz der Sinneslust hingibt und ihre Freuden im richtigen Maß genießt, dann ist dies immer mehr als die reine Hingabe an die Lust: Er integriert auch die negativen, dunklen, schmerzhaften Seiten des Lebens – ohne die es nie vollständig und »erfüllt« wäre.

Wer sich ein schönes, tiefgründig heiteres und eudämonisches Leben zu machen versteht, entgeht auch einer Falle, die viele Lifestyle- und Fun-Junkies fängt: dem schon der Antike bekannten »Paradoxon des Hedonismus«. Wer nur um des Glückes willen nach Glück strebt, wird es genau deshalb verfehlen: »Glück ist das Vertrauen darauf«, sagt der Buddhist Thich Nhat Hanh, »dass wir Enttäuschung und Schmerz aushalten können und dass Liebe auf lange Sicht stärker als Hass sein wird. Glück bedeutet, nicht an Genuss und Lust gefesselt, nicht von uns selbst besessen zu sein.«

Diese Haltung macht auch den ursprünglichen Wortsinn der Eudämonie – »einen guten Dämon haben« – erst richtig verständlich. Das erfüllte, schöne Leben war für die Griechen etwas Göttliches: Um dieses höchste Glück zu erreichen, muss der Mensch vernünftig handeln und einen »guten Dämon« in sich haben. Einen »Dämon«, den wir heute als eine Art »Teufel« missverstehen, den Sokrates aber als göttlich inspirierte, menschliche Weisheit verstand: Der *daimon* als innere Stimme war Mittler zwischen Gott und Mensch, wobei Gott nicht als persönlicher Gott, sondern als kosmisches Prinzip begriffen wurde.

Eudämonie ist daher eine gewissermaßen im Kosmos geborgene, abgründig heitere und gelassene Wohlgestimmtheit. Und ein eudämonisches Leben demnach alles andere als ein von guten Geistern verlassenes. Modern ausgedrückt bedeutet dies, dass wir in Sachen eigenes Lebensglück sehr viel stärker als bisher lernen müssen, auf unsere Intuition, unsere »innere Stimme«, zu vertrauen – oder diese erst wieder hörbar zu machen.

Es besteht eine Art »Seelenverwandtschaft« zwischen eudämonischem Lebensglück und lebensmotivischem Werteglück: Wenn wir unser Motiv-Profil richtig interpretieren, kann es diese innere Stimme hörbar machen.

Vielleicht hilft die kleine Geschichte, die uns Robert Spinola erzählt, dass der Leser die folgenden – und andere – »Lebensbälle« im Sinne der Lebensmotive richtig zu jonglieren vermag:

»Stell dir dein Leben als ein Spiel vor, bei dem du mit fünf Bällen jonglierst. Du nennst sie Arbeit, Familie, Gesundheit, Freunde und Sinn, und du hältst sie alle gleichzeitig in der Luft. Bald wird dir klar, dass Arbeit ein Gummiball ist: Wenn du ihn fallen lässt, springt er sofort zurück. Aber die anderen vier Bälle – Familie, Gesundheit, Freunde und Sinn – sind aus Glas! Wenn du sie fallen lässt, werden sie unwiderruflich beschädigt, angebrochen, verkratzt oder ganz zerstört sein. Sie werden niemals so sein wie vorher. Das musst du verstehen und nach Balance in deinem Leben streben.«

ANHANG

Das Reiss-Profil: In eigener Sache

Das im vorliegenden Buch verwendete Motiv-Profil ist eine von Steven Reiss in Zusammenarbeit mit den Autoren entwickelte Kurzfassung. Der vollständige Test – das *Reiss Profile of Fundamental Goals and Motivational Sensitivities* – ist als RP© rechtlich geschützt.

Die Kurzfassung beruht auf wissenschaftlichen Grundlagen und wurde von Steven Reiss autorisiert. Da sie aber nur etwa 40 Millionen unterschiedliche Profile erfassen kann, der Originaltest dagegen über zwei Milliarden, ist sie längst nicht so differenziert. Sie dient ausschließlich dazu, sich einen *qualitativen*, orientierenden Überblick über das persönliche Motiv-Profil zu verschaffen.

Der Originaltest, das Reiss-Profil (RP©), wird in Deutschland und Europa exklusiv von der European Academy for Training and Development (EATD) angeboten.

Die EATD bietet Fachleuten und interessierten Laien zudem ein Kompaktseminar »Wer bin ich? Das Reiss-Profil« und eine Ausbildung zum »Master of Reiss-Profile« an.

Weitere Informationen über den Test und die EATD-Seminare im Internet unter *www.reiss-profil.de* oder von der

European Academy for Training and Development
Cami de la Serra 17
07181 Golf de Bendinat
Spanien
Fax +34/971/40 52 19
E-Mail: *service@reiss-profil.de*

Die Autoren

Helmut Fuchs, Diplompädagoge und Psychotherapeut, jahrzehntelange Erfahrungen als Top-Trainer, Management- und Organisationsberater.

Von 1985 bis 1998 Inhaber und Cheftrainer der Trainer Akademie München (TAM), seit 1999 Gründungspräsident der European Academy for Training and Development (EATD).

Mehrere Auszeichnungen für seine Seminare wie das Certificate of Excellence 2000 und den Deutschen Trainingspreis in Gold 1998.

Zahlreiche Publikationen, zuletzt ›Die Kunst, (k)eine Führungskraft zu sein‹ (1999) und Co-Autor von ›Metaphoring – Erfolgsdenken in komplexen Zeiten‹ (2002). Helmut Fuchs ist Mitherausgeber und regelmäßiger Autor bei der Zeitschrift *Executive Excellence.* E-Mail: *fuchs@eatd.de*

Andreas Huber, Jahrgang 1956, Diplompsychologe und BDVT-Trainer, langjährige Erfahrungen in der Publizistik, u.a. als Redakteur bei *Psychologie Heute,* und in der Weiterbildung. Seit 2001 Trainer und wissenschaftlicher Leiter der EATD.

Zahlreiche Publikationen, zuletzt ›Stichwort Emotionale Intelligenz‹ (1996), ›Kreativität‹ (1997), ›Glücksgeheimnis Flow‹ und ›Weichenstellung. Komplexität und metaphorisches Denken im 21. Jahrhundert‹ (beide 2001); Co-Autor von ›Metaphoring – Erfolgsdenken in komplexen Zeiten‹ (2002). E-Mail: *huber@eatd.de*

Anmerkungen

[1] Vgl. Andreas Huber: Motivation und Persönlichkeit. Was treibt uns an? In: Psychologie Heute, 3/2001, S. 20–25.

[2] »Man kann nicht *nicht* kommunizieren.« (Paul Watzlawick)

[3] Erwähnt sei an dieser Stelle die motivationspsychologische Unterscheidung in
- *Trieb* als dynamische, energetisierende Komponente zielgerichteter Verhaltensweisen,
- *Einstellungen und Interessen,* die man im Unterschied zu Motiven als »Dispositionen« zu spezielleren Bewertungen und Betätigungen in enger umschriebenen Bereichen wie etwa bestimmten sportlichen, geistigen oder künstlerischen Tätigkeiten versteht,
- *Instinkt* als ererbte und innerhalb einer biologischen Art universell vorhandene Disposition des Organismus, sich in einer bestimmten, vorfixierten Weise zu verhalten, wie beim Brutpflegeinstinkt. Instinkte sind also sozial oder gesellschaftlich kaum beeinflussbare Verhaltensmuster, die situationsabhängig bei jedem auftreten.

Wer sich eingehender für die hier nur skizzierbaren motivationspsychologischen Zusammenhänge interessiert, muss sich mit der Fachliteratur beschäftigen. Einen kompakten, fundierten und relativ gut lesbaren Überblick liefert vor allem Falko Rheinberg: Motivation. Stuttgart: Kohlhammer 2000.

[4] Einen besonderen Stellenwert in Eriksons Entwicklungsmodell besitzt die erste Stufe: das Ur-Vertrauen. Die Überzeugung Sigmund Freuds, des Begründers der Psychoanalyse, dass die emotionalen Erfahrungen der frühen Kindheit lebensprägend sind, wurde auch empirisch bestätigt. So zeigten insbesondere die bahnbrechenden Studien der Bindungsforscher John Bowlby und Mary Ainsworth in den 50er Jahren, dass die Fundamente für emotional befriedigende, stabile Beziehungserfahrungen im Sinne des lebensprägenden »Urvertrauens« und der Geborgenheit durch die frühe Mutter-Kind-Beziehung gelegt werden.

Psychologieprofessor Hans Mogl bestätigt diese früheren Befunde durch neuere Forschungen:»Fehlendes Geborgenheitserleben, besonders in der frühen, aber natürlich auch der sonstigen Kindheit und Jugend beeinträchtigt die Person selbst, ihre Entwicklungschancen sowie ihre sozialen Kontakte.« Nur selten könne es diesen Menschen gelingen, den entstandenen Pessimismus, die Skepsis, das Urmisstrauen gegenüber sich selbst und anderen abzulegen (vgl. dazu Hans Mogl: Geborgenheit. Heidelberg, Berlin: Springer 1995).

So wichtig die emotionalen Prägungen unserer Psyche in der frühen Kindheit auch sein mögen – man sollte daraus nicht den kausalen (Fehl-)Schluss ziehen: Schlechte Erfahrungen in der

Kindheit bedeuten schlechte Gefühle und ein verpfuschtes Leben. Vielmehr zeigen die neueren Befunde der Säuglingsforschung und Entwicklungspsychologie, dass sich frühe negative, traumatische Erfahrungen keineswegs zwangsläufig im Erwachsenenleben fortsetzen müssen. Andererseits garantiert auch eine geborgene Kindheit noch keineswegs ein emotional gelingendes Leben. Wie die Psychologin Ursula Nuber betont, kann selbst auf frühe traumatische Erfahrungen eine positive Entwicklung folgen. Wie das Beispiel so genannter »resistenter« (widerstandsfähiger) Kinder zeigt, kommt es in vielen Fällen darauf an, dass Kinder, wenn ihre Eltern ihnen das Urvertrauen nicht geben können, einige wenige, aber emotional tragfähige Vertrauensbeziehungen aufbauen – beispielsweise zu Geschwistern, Großeltern oder Freunden (vgl. dazu Ursula Nuber: Geborgenheit – die Wiederentdeckung eines alten Gefühls. In: Psychologie Heute, 4/96).

5 Die motiv- beziehungsweise instinktorientierte Sammelwut der damaligen Psychologen war wahrhaft grenzenlos: So berichtet der deutsche Soziologe Langer in den 20er Jahren, etwa 14 000 (!) Instinkte gezählt zu haben – u. a. auch den »Verhaltenstrieb, möglichst nicht in der eigenen Plantage zu essen« und viele ähnliche Absurditäten.

6 Diese vier Bewusstseinslagen werden von Heckhausen der Reihe nach als *Abwägen, Planen, Handeln* und *Bewerten* beschrieben:
• Beim *Abwägen* muss man sich *für* eines von mehreren Handlungszielen entscheiden. Dieses Bewusstsein ist nur in

schwierigen Fällen besonders ausgeprägt: bei großer Ungewissheit etwa, welche Entscheidung man treffen soll, oder falls die negativen Folgen einer falschen Entscheidung unumkehrbar sind. Am Ende fallen die motivationalen Würfel: den Rubikon überschreiten – oder nicht?
• Das *Planen* dominiert immer dann, wenn nach dem Rubikon nicht direkt mit der Handlung begonnen werden kann – beispielsweise dann, wenn man eine günstige Gelegenheit abwarten oder erst selbst schaffen muss.
• Beim *Handeln* geht es um eine ungestörte Zielverwirklichung. So werden dabei beispielsweise alle Informationen verdrängt oder abgewertet, die das Ziel negativ erscheinen lassen könnten – umgekehrt wird alles bevorzugt wahrgenommen, was es als positiv darstellt.
• In der abschließenden *Bewertung* wiederum werden alle für die Zieleinschätzung wichtigen Informationen besonders aufmerksam registriert.
Auch hier sind die motivationalen Bewusstseinslagen des Abwägens und Bewertens realitätsorientiert, die volitionalen des Planens und Handelns realisierungsorientiert.

7 Zur fachlichen Diskussion s. bes. Bernard Weiner (1994) und Falko Rheinberg (2000).

8 Maslow räumte selbst ein, dass seine Arbeit empirisch stärker fundiert und wissenschaftlich bewiesen werden müsse. Tatsächlich stützt sich die Maslowsche »Bedürfnispyramide« auf biografische Forschungen bedeutender Menschen und auf Selbstreflexion. Reiss kritisiert im Übrigen, dass eine Werte-

hierarchie »zum Missbrauch« führe. Er schreibt dazu: »Maslows Hierarchie zufolge würde zum Beispiel eine Person in Stufe 5, die sich selbst verwirklicht, einen höheren Grad der Entwicklung erreicht haben als ein Mensch, der auf Stufe 4 einfach geliebt werden möchte – Maslow selbst spricht von Ersterer als ›perfekterem Exemplar‹ der menschlichen Gattung.« Dies sei missverständlich und gefährlich, da »Person 1 nicht wichtiger als Person 2« sei.

[9] Aus: TAM-Seminarmaterialien. Herausgegeben von Helmut Fuchs. Fulda 1996.

[10] So werden die meisten Menschen wohl einräumen, dass Sex für sie »wichtig« sei und ein wichtiges »Ziel« in ihrem Leben verkörpere. Stellt man diese Frage aber im Sinne eines intrinsischen Endzweckes – »Ich möchte jeden Sex, den ich bekommen kann.« –, zeigt sich eindeutig, dass die Kraft des Eros den Einzelnen sehr unterschiedlich motiviert: »Während einige im Fragebogen sogar Ausrufezeichen machten«, so Reiss, gaben andere nur »wenig involvierte« Antworten.

[11] Diese Arbeit begann Mitte der 90er Jahre. Da die Lebensmotive in den USA, Kanada und Japan erforscht wurden, kann die Theorie auch eine kulturübergreifende Allgemeingültigkeit beanspruchen. Insgesamt ist das Reiss-Profil ein sehr verlässliches Testinstrument, das vergleichsweise bessere Daten liefert als viele traditionelle Verfahren der Motivations- und Persönlichkeitspsychologie. Zu den forschungspraktischen Hintergründen und den psychometrischen Daten der Objektivität, Reliabilität und Validität verweisen wir interessierte Leser auf die Fachliteratur, v. a. Steven Reiss: The Reiss profiles of fundamental goals and motivational sensitivities. Examiner and technical manual. Ohio: IDS-Publishing 2001 (deutsche Fassung von Helmut Fuchs und Andreas Huber: Das Reiss-Profil. Handbuch. EATD 2002).

[12] Wie erste klinische Erfahrungen mit dem Reiss-Profil zeigen, spielen solche »Kombinationen« auch in der professionellen Diagnostik eine große Rolle. Im Wesentlichen zeigen bestimmte psychische Störungen und Probleme folgende Motivkonstellationen:

Depression
– gelbe oder grüne Rache
– gelbe oder grüne Ruhe
– gelbe oder grüne Anerkennung
– fast alle anderen Werte rot (unterdurchschnittlich)

Jede depressive Störung ist durch ein grundlegendes Motiv- und Antriebsdefizit charakterisiert. Im Reiss-Profil zeigt sich die Tendenz, dass Depressive bei nahezu allen Skalen unterdurchschnittliche Werte aufweisen, besonders für Beziehungen, Eros, Essen und Körperliche Aktivität. Die Werte für Rache – als Ausdruck der Wut gegen die Depression –, Ruhe (Angst) und Anerkennung (geringer Selbstwert) können durchschnittlich oder sogar überdurchschnittlich ausgeprägt sein.

Angststörungen
– grüne Ruhe

Grüne Ruhe signalisiert eine hohe Wahrscheinlichkeit von spontanen Angstattacken – besonders auch bei bisher panikfreien Menschen.

Zwänge

- grüne Ordnung
- gelbe oder grüne Ruhe
- gelbes oder grünes Sparen

Grüne Ordnung ist verbunden mit ritualisiertem Verhalten, was allen zwanghaften Störungen zugrunde liegt. Studien zeigen zudem erhöhte Werte für Ruhe. Viele Experten gehen davon aus, dass das Horten und Sammeln eine zwanghafte Charakteristik sein kann, was allerdings mit dem Reiss-Profil noch nicht untersucht wurde.

Schizophrenie

- rote Ordnung
- rote Beziehungen
- roter Status

Zur wesentlichen Charakteristik von schizophrenen Störungen zählen ein ungepflegtes Äußeres – was mit dem roten Status zusammenhängt, der sowohl mangelndes äußeres »Standing« als auch fehlende Reinlichkeit signalisiert – und fehlender Sozialkontakt.

Abhängigkeit und Suchtmittelmissbrauch

- grüne Anerkennung
- grüne Ruhe

Grüne Ruhe und grüne Anerkennung können auf eine Disposition zu Alkoholismus oder anderen Suchtmittelmissbrauch verweisen: Während die hohen Ruhewerte eine hohe Angstbereitschaft signalisieren – bei Süchtigen meist als »zweifache Diagnose« bezeichnet –, lässt der hohe Anerkennungswert auf ein schwaches Selbstwertgefühl schließen.

Schüchternheit und soziale Ängstlichkeit/Unsicherheit

- grüne Anerkennung
- grüne Ruhe
- rote Beziehungen

Nach der Theorie der 16 Lebensmotive lassen sich viele Fälle mangelnder Sozialkompetenz und sozialer Unsicherheit auf einen grundlegenden Motivations- und Antriebsmangel zurückführen: Viele Individuen haben sich ungenügende soziale Fertigkeiten angeeignet, weil diese für sie kaum »Glückspotenzial« haben. Daher kann ein geringer Beziehungswert im Reiss-Profil auf Schüchternheit verweisen. Sozial ängstliche Menschen reagieren zudem gegenüber jeder Kritik sehr sensibel, was sich im Reiss-Profil in hohen Anerkennungswerten niederschlägt. Daher verweisen grüne Anerkennung – oder rote Beziehungen oder beide Werte zusammen – auf eine Disposition zu Schüchternheit und/oder Sozialängstlichkeit.

Autismus

- grüne Ordnung
- rote Beziehungen

Zwei diagnostische Hauptkriterien für Autismus sind »Vorlieben für das (Immer-)Gleiche« – starke Ordnungswerte im Reiss-Profil – und »soziale Teilnahmslosigkeit/Gleichgültigkeit« – rote Beziehungen im Reiss-Profil. Jüngste empirische Befunde zum Reiss-Profil stützen diese Sichtweise.

[13] Dabei stellt sich auch die Frage, ob Unabhängigkeit psychologisch gesehen mit hingebungsvoller Liebe vereinbar ist: Können wir einen anderen lieben und gleichzeitig den Wunsch verspüren, von ihm oder ihr getrennt (unabhängig) zu sein? Oder ist es nicht notwendigerweise so, dass wirkliche Liebe uns dazu motiviert, das Verlangen zu verspüren, mit dem anderen eins zu werden? Für einige Psychologen haben interdependente, zu gegenseitiger »Ab-

hängigkeit« neigende Personen eine hohe Liebesfähigkeit, weil sie ihre egoistischen Bedürfnisse zugunsten anderer zurückstellen oder unterdrücken können. Von Unabhängigen weiß man, dass es tatsächlich zu einer Art »Motiv-Switch« kommt, wenn sie sich verlieben: Freiheitsliebende geben für die Liebe einen Großteil ihrer Unabhängigkeit auf. Allerdings wird das Unabhängigkeitsmotiv nicht dauerhaft außer Kraft gesetzt – früher oder später wird sich die »Freiheitsfrage« für das Paar wieder stellen.

14 »Wissensdurst« darf man auch nicht mit Erfolgsstreben verwechseln: Erfolgreich sein zu wollen wird meist vom Machtmotiv gespeist. So unterscheidet sich die Schülermotivation, »der Beste« sein zu wollen, grundlegend von der Neugier und dem Streben, zu verstehen, wie die Dinge funktionieren. Der wesentliche Unterschied: Ein machtmotivierter Schüler hat letztlich nur Freude an den Einsen und seinem Einfluss als Primus – ein Neugieriger dagegen freut sich an seinem Wissen und daran, dass er versteht, um was es wirklich geht.

15 Wie Reiss betont, ist das Verlangen nach Anerkennung »interessanterweise« das *einzige* Lebensmotiv, das eng mit dem Selbstkonzept oder der Selbsteinschätzung verbunden ist. Ursprünglich gingen er und seine Mitarbeiterin Susan Havercamp davon aus, drei solcher »Ego-Motive« zu finden: das Bedürfnis nach positiver Selbsteinschätzung, das Bedürfnis, geliebt zu werden, und das Bedürfnis, Kritik zu minimieren. »Diese Erwartungen« werden von unseren Forschungen nicht bestätigt«, so Reiss,

»statt einer ganzen Anzahl von Bedürfnissen, die Psychologen gemeinhin mit Selbstkonzept assoziieren, zeigen unsere Resultate lediglich ein einziges solches Verlangen.« Und er bemerkt weiter: »Sollte es zukünftigen Forschern jemals gelingen, ein 17. grundsätzliches Verlangen aufzuzeigen, dann vermute ich, dass dieses Verlangen eng mit Themen des Selbstkonzepts in Verbindung stehen, sich aber deutlich von dem Verlangen nach Anerkennung unterscheiden wird.«

16 Reiss betont im Übrigen, dass es nichts bringe, Schulkinder vor ihrer Prüfungsangst schützen zu wollen, indem man ihre Erfolge überzeichnet, Tests durchführt, diese aber nicht bewertet oder ganz auf Tests verzichtet. So verweist er auf eine eigene, zusammen mit Linda Park durchgeführte Studie, nach der solche Versuche keineswegs zu verringerter Prüfungsangst führen: Prüfungsangst hat nur wenig damit zu tun, wie viel Versagen ein Schüler oder Student erfahren hat – sie hängt davon ab, wie viel Druck sich die Schüler und Studenten selbst machen. Die Lösung kann daher nur (lebens-)motivorientiert gefunden werden: Um Prüfungsangst zu verringern und Selbstachtung zu fördern, ist es notwendig, den Betroffenen beizubringen, dass schlechte Leistungen nicht dazu führen, dass sie in den Augen derjenigen, die in ihrem Leben wirklich wichtig sind, an Anerkennung verlieren.

17 Das gilt auch für großstädtisch sozialisierte Tiere der Neuzeit – in etwas anderer Form. So erzählt Reiss von seinem Hund Rusty, der Socken sammelt: »Ich verstehe nicht, warum er das tut«, sagt

der Psychologe, »aber diese Tätigkeit ist sehr wichtig für ihn. Immer wenn einer unter der Dusche ist, schlüpft Rusty schnell ins Bad. Er verschwindet mit den Socken desjenigen, der gerade duscht, und schleppt sie unter den Tisch im Esszimmer. Dort sammelt er die Socken. Rusty bewacht die Socken, so wie ein Geizhals sein Geld bewacht. Und er knurrt laut, wenn sich irgendjemand seinem Schatz nähert.«

[18] Viele klinische Psychologen verstehen Sozialkompetenz und erfüllte Beziehungen schon fast als Garanten für psychische und körperliche Gesundheit. So sind Liebe und Freundschaft mächtige medizinische Schutzfaktoren, wie die Herz- oder Krebsmedizin der letzten Jahre dokumentiert hat. Dies gilt allerdings nur für psychologisch intakte Beziehungen, in denen die Partner nicht voneinander abhängig sind oder »symbiotisch« leben. Umgekehrt kann soziale Isolation ein Anzeichen für psychische Störungen wie Depression, Schizophrenie oder Autismus sein, wobei Einsamkeit auch körperlich krank machen kann. Hohe und schwache Beziehungswerte sind prinzipiell in Ordnung: Ebenso wie ein starkes Verlangen nach anderen und die Freude an ihrer Gesellschaft völlig gesund sind, muss man auch das starke Bedürfnis nach Privatheit bei den Zurückgezogenen als völlig normale Gefühlsreaktion begreifen.

[19] Ein Musterbeispiel für einen klassischen Familien- und Kindertyp ist Mia Farrow: Als Mutter von 14 Kindern (darunter zehn adoptierte) zieht sie es vor, nur ausnahmsweise – im Sommer – zu arbeiten, weil sie ihre Kinder nicht allein lassen möchte. Die Wissenschaftspublizistin Sylvia Meise hat dagegen erforscht, was das oft tabuisierte Verhalten der Rabenmütter (wie Ingrid Bergman) und -väter begründet. Ihr Fazit: Angesichts einer hohen Dunkelziffer von etwa 20 Prozent ist das Phänomen sehr viel häufiger, als man denkt. Dabei kehren diese Menschen ihren Kindern nicht den Rücken, weil sie sie als Menschen nicht mögen oder lieben würden – es ist die Elternrolle, die sie so unglücklich macht, dass sie daran zu zerbrechen drohen.

[20] Vor allem Journalisten lernen in ihrem Berufsleben viele Vertreter beider Statuspole kennen: Auf der einen Seite die »Statusnarzissten«, die in ihrem öffentlichen Erfolg oder in ihrer Bekanntheit geradezu baden wie Dagobert Duck in seinen Dukaten und aus dem Gefühl ihres »Wichtigseins« heraus glauben, sich wie Feudalisten verhalten zu dürfen. Andererseits findet man die fast schon »Demütigen«, denen es peinlich ist, mit ihrem Status und/oder ihrem Namen öffentlich »aufzufallen«. Diese dem Status gegenüber völlig Gleichgültigen versuchen oft alles, um im Alltagsverhalten so normal wie möglich zu sein.

[21] Diese Befunde sind robust und werden mittlerweile auch von der so genannten »Temperamentsforschung« (u. a. Jerome Kagan 1998) bestätigt. Obwohl aggressives Verhalten natürlich sehr stark von aggressiven Umwelten gefördert wird, ist sich die internationale Aggressionsforschung heute sicher, dass Aggressivität nicht ausschließlich kulturbedingt erklärt werden kann, wie

beispielsweise Erich Fromm in seiner ›Anatomie der menschlichen Destruktivität‹ argumentierte (zusammenfassend: Andreas Huber: ›Stichwort Aggression und Gewalt‹. München: Heyne 1996). Unabhängig von der kulturellen und gesellschaftlichen Aggressionsbewältigung kann man vor dem Hintergrund der Lebensmotivforschung im Wesentlichen davon ausgehen, dass Menschen von Geburt an unterschiedlich aggressions-, kampf- oder rachefähig sind – völlig aggressionsfrei ist allerdings niemand.

[22] Bei Platon, der dabei Sokrates mit den Worten der erleuchteten Seherin Diotima sprechen lässt, heißt es zum wesensbestimmenden Eros-Mythos genauer: »Weil Eros ein Sohn des Poros und der Armut ist, befindet er sich nun auch in folgender Lage: Erstlich ist er allezeit arm und bei weitem nicht so zart und schön, wie die meisten Leute glauben, sondern herb, rau, unbeschuht und ohne Haus, da er stets auf der Erde und ohne Decken liegt und vor Türen und auf Wegen unter freiem Himmel schläft und, der Natur seiner Mutter gemäß, immer der Dürftigkeit Genosse ist. Nach der Art des Vaters dagegen (Poros ist der direkte Sohn der »Klugheit«) stellt er allem Schönen und Guten nach, ist tapfer, draufgängerisch und energisch.« Eros – »das heißt die (göttliche) Idee des Schönen« – kommentiert der Platonkenner Thomas Szlezak: Eros walte nicht nur über dem Streben und Sehnen in der Natur und in der menschlichen Liebe, er treibe auch das Verlangen vom sinnlich Schönen weiter in Richtung auf »das Schöne selbst«. Der Eros ist seinem Wesen nach also ein »Vermittler«. Platonisch formuliert: ein Vermittler zwischen dem Sterblichen und Unsterblichen, zwischen der vergänglichen Erscheinung und der unwandelbaren Idee.

[23] Manche starken Esser haben ein Leben lang Schwierigkeiten, ihr Gewicht zu kontrollieren, eine Tendenz, die mit dem Älterwerden überdeutlich wird – wie etwa Marlon Brando oder Helmut Kohl illustrieren. Dass Fett allerdings meist nicht »lustig« macht, wie eine Dicken-Gruppe propagiert, vielmehr die angemessene Gestaltung des Essensmotivs vielen Menschen große Schwierigkeiten bereitet, verdeutlicht die in den letzten Jahren sprunghaft gestiegene Menge an Essgestörten. Ob reine »Fresssucht« oder ihr Gegenteil, Anorexie oder Bulimie – Essstörungen sind immer psychologische Extreme des grundsätzlichen Essensbedürfnisses, die pathologisch geworden sind. Extremes Über- beziehungsweise Untergewicht kann lebensgefährlich sein.

[24] Testtheoretisch zeigen die Items des Lebensmotivs Ruhe eine große Nähe zur ASI (Anxiety State Inventory), einem sehr validen, von Steven Reiss entwickelten Angsttest, der die stressbezogene Angstsensibilität erfasst. So hat sich der ASI bei der Vorhersage von Angststörungen oder Panikattacken bewährt: Psychologen konnten aufgrund hoher ASI-Werte beispielsweise angstsensible Jugendliche identifizieren und mit hoher Wahrscheinlichkeit vorhersagen, dass sie als Erwachsene unter Angst- oder Panikstörungen leiden würden. Ähnliche Erfahrungen machte man mit jahrelangen Untersuchungen an Kadet-

ten der US Air Force Academy: ASI-auf-fällige, angst- und stresssensible Soldaten entwickelten während der Ausbildung besonders häufig Angst- und Panikstörungen. Psychologisch sind solche Tests v. a. deswegen sinnvoll, weil man Betroffenen dann sehr viel gezielter helfen kann, mit Stress und Angst besser umzugehen.

Insgesamt betrachtet, entspricht die Ruhedimension des Reiss-Profils den so genannten Neurotizismus-Skalen vieler persönlichkeitspsychologischer Verfahren. Wie Reiss in ersten Untersuchungen fand, gehen hohe Ruhe-Werte im Reiss-Profil sehr häufig mit klinisch bedeutsamen psychischen Störungen einher: Angst, Depression, Sucht, Zwang, um nur die wichtigsten zu nennen.

25 Die folgende Übersicht (auf S. 200) zeigt solche typischen Sprichwörter, Analogien oder Metaphern. Diese Zusammenhänge sind deswegen wichtig, weil man mittlerweile weiß, dass Menschen komplexe Lebensbereiche mithilfe solcher metaphorischer Sprach- und Denkbilder »ordnen« und übersichtlich machen, wobei die Denkbilder das Handeln beeinflussen.

26 So kritisierte Reiss jüngst auch den Glücks- und Flow-Forscher Mihalyi Czikszentmihalyi: Die Menschen streben nicht Flow an, sondern Flow ist der Lohn für das, was sie besonders gut können.

27 Vor allem der Wiener Psychotherapeut und langjährige KZ-Insasse Viktor Frankl hat dazu beeindruckende Dokumente vorgelegt.

Reiss bemerkt zu dieser Kritik:»Da-rüber hinaus stehen beispielsweise auch Essen und der Wille zu überleben in keiner Beziehung zueinander. Wenn es einem Menschen egal ist, ob er lebt, dann ist ihm wahrscheinlich auch Essen gleichgültig. Zweitens kann nur wenig an sinnvollem Verhalten mit dem ›Überlebenswillen‹ erklärt werden, und qua definitionem muss ein Motiv über einen hohen Erklärungswert verfügen, um als Lebensmotiv begriffen werden zu können. Tatsächlich aber ist der Lebenswille für alle mehr oder minder wichtigen Themen der Psychologie – Beziehungen, Familie, menschliches Wachstum, geistige Krankheit – kaum bedeutend. Biologen machen sehr viel mehr Aufhebens darum als Psychologen. Wenn man sinnvolles menschliches Verhalten motivational verstehen und erklären möchte, mangelt es dem Lebenswillen an Erklärungskraft.«

28 Dies gilt auch für die deutschen Kollegen: Obwohl das Reiss-Profil in den USA, in Kanada und in vielen europäischen Staaten stark beachtet wurde, auch in der großen Öffentlichkeit, scheint die Theorie der 16 Lebensmotive in die deutsche Psychologie noch nicht vorgedrungen zu sein. Eine Anfrage vor Jahresfrist bei einer Reihe führender Persönlichkeits- und Motivationspsychologen ergab, dass die Lebensmotivforschung hierzulande noch nicht oder nicht genug bekannt ist. Viele deutsche Persönlichkeits- und Motivationspsychologen kritisieren die »Fliegenbein zählende« Haltung der historischen Motivlisten. Die öffentliche Reaktion war in den USA und in England bisher am stärksten: In den USA berichtete ›Time‹ ebenso wie viele ande-

Lebensmotiv	(Daseins-)Metapher	Sprachbilder/Sprichwörter
Macht	Die Umwelt ist eine Maschine.	Ich bin am Drücker/ der Chef/der Kapitän.
Unabhängig-keit	Wir sind nicht in Ketten geboren.	Ich bin der Löwe/»lonesome rider«/Adler der Lüfte.
Neugier	Die Welt ist eine Bibliothek/ ein Buch.	Ich will den Text der Welt lesen/ entziffern/verstehen.
Anerkennung	Die Welt ist eine Bühne.	Ich spiele meine Rolle gut/ Ich liebe Applaus.
Ordnung	Die Welt ist eine Algebra. A plus B, von A nach B	Ordnung ist das halbe Leben? Das ganze!
Sparen	Die Welt ist ein Warenhaus.	Ich bin ein Sammler.
Ehre	Die Welt ist ein Gericht.	Ein gutes Gewissen ist ein sanftes Ruhekissen.
Idealismus	Die Welt ist ein (verschlossenes) Paradies.	Liberté, Egalité, Fraternité!
Beziehungen	Die Welt ist Musik/ein Orchester.	Freunde, (Wein) und Gesang.
Familie	Die Welt ist eine große Familie.	Wir sind eine Familie.
Status	Die Welt ist ein Hofstaat.	Ich bin der König/der Fürst.
Rache	Das Leben ist Kampf/Krieg.	I'm the hero/ Ich bin die Nummer eins.
Eros	Das Leben ist ein (sinnliches) Paradies.	Das Schöne, Wahre und Gute! Ich bin ein Jünger des Eros.
Essen	Das Leben ist ein Bankett/ Schlachtfest/großer Honigtopf.	Gutes Essen hält Leib und Seele zusammen.
Körperliche Aktivität	Das Leben ist Rhythmus/ Bewegung.	Ich bin ein Stier/ein Adler/ eine Gazelle.
Ruhe	Die Welt ist ein lautes, wildes Tier	My home is my castle.

re Medien. In Großbritannien sendete die BBC einige ausführliche Interviews mit Reiss, und führende Blätter wie die ›London Times‹, der ›Daily Telegraph‹ oder der ›Observer‹ brachten Beiträge. Das Reiss-Profil wurde auch in Australien, Kanada und in Italien beachtet, in Deutschland brachte ›Psychologie Heute‹ eine Titelgeschichte (3/2001). Wie sehr die Lebensmotivforschung von Reiss international beachtet wird, zeigt der »Social Science Citation Index«. Demnach gehört Reiss zu den führenden drei Prozent derjenigen Psychologieprofessoren, deren Arbeit am häufigsten weltweit erwähnt und zitiert werden.

29 Das Reiss-Profil darf in Deutschland und Europa ausschließlich von der European Academy for Training and Development vertrieben werden – Informationen unter www.reiss-profil.de (s. a. »Das Reiss-Profil: In eigener Sache« hier im Anhang). Die Kurzfassung basiert auf einer von Steven Reiss autorisierten Fassung, die in Zusammenarbeit mit Co-Autor Andreas Huber erstmals in ›Psychologie Heute‹ 3/2001 erschien; die vorliegende Fassung wurde für das Buch nochmals überarbeitet.

30 Der Lebensentwurf (»projet fondamental«) spielte besonders in den philosophischen Arbeiten von Jean-Paul Sartre eine wichtige Rolle. Seine »existenziellen« Biografien von Baudelaire, Saint-Genet, Mallarmé und vor allem seine monumentale Arbeit über Flaubert beeindruckten allerdings auch einige Psychologen – den Psychotherapeuten Rollo May beispielsweise.

In der Psychologie gibt es nur wenige Ausnahmen: So war in Alfred Adlers (heute leider unbedeutend gewordener) Individualpsychologie etwa der *Lebensplan* grundlegend; ähnlich beschäftigte sich C. G. Jung intensiv mit der *Individuation*. Dem Lebensplan oder -entwurf wird als so genanntes (Lebens-)*Skript* heute wohl nur in der Transaktionsanalyse (die auf Eric Berne zurückgeht) ein größerer Stellenwert eingeräumt.

Für uns als Autoren sind dieser Aspekt und das Potenzial des Reiss-Profils so viel versprechend, dass auch empirisch genauer erforscht wird, inwieweit das Reiss-Profil in bisherige »Entwurfstechniken« (etwa die Lebensstil-Analyse oder Teleo-Analyse Adlers, die Aktive Imagination Jungs und diverse Traumtechniken) integriert oder durch sie erweitert werden kann. Vgl. hierzu auch: Michael Titze: Lebensziel und Lebensstil. München: Pfeiffer 1979.

31 Wir dokumentieren dabei eine exemplarische Analyse von Steven Reiss.

32 Obwohl es noch keine repräsentativen markt- und werbepsychologischen Untersuchungen zum Reiss-Profil gibt, sollte es uns nicht überraschen, wenn künftige Studien zeigen, dass jeweilige Kampagnen nicht an der professionellen Durchführung gescheitert sind, sondern an der lebensmotivisch falsch gewählten Zielgruppen- und Konsumentensprache.

33 Wie sehr sich das Reiss-Profil dabei von anderen Tests unterscheidet, wird im direkten Vergleich deutlich: Keines der

im Folgenden dokumentierten klassischen und eingeführten Verfahren stellt die Frage nach dem oder den Lebensziel/en eines Menschen auch nur entfernt:

16-Persönlichkeitsfaktoren-Test (16-*Pf*): Dieser in den 50er Jahren von R. B. Cattel entwickelte Persönlichkeitstest wird in einer aktualisierten Fassung (16-PF-R) vor allem in der Arbeits-, Betriebs- oder Berufspsychologie und im klinischen Bereich verwendet. Der 16-PF-R erfasst neben den 16 Primärfaktoren der Persönlichkeit auch fünf so genannte »Globalfaktoren«.

Primärfaktoren sind Wachsamkeit, Abgehobenheit, Privatheit, Besorgtheit, Offenheit für Veränderung, Selbstgenügsamkeit, Perfektionismus, Anspannung, Soziale Kompetenz, Logisches Schlussfolgern, Emotionale Stabilität, Dominanz, Lebhaftigkeit, Regelbewusstsein, Wärme und Empfindsamkeit. Als Globalfaktoren gelten Extraversion, Unabhängigkeit, Ängstlichkeit, Selbstkontrolle und Unnachgiebigkeit.

· *Freiburger Persönlichkeitsinventar (FPI)*: Das Verfahren erfasst neben den Faktoren Lebenszufriedenheit, Soziale Orientierung, Leistung, Gehemmtheit, Erregbarkeit, Aggressivität, Beanspruchung, Körperliche Beschwerden, Gesundheitssorgen und Offenheit auch Extraversion und Emotionalität.

· *Minnesota-Multiphasic Personality Inventory 2 (MMPI-2)*: Diese neue konstruierte Fassung des ursprünglich aus der Psychiatrie stammenden MMPI (deutsche Fassung: MMPI Saarbrücken) erfasst neben allgemein psychopathologischem, psychosomatischem und sozialpsychologischem Verhalten

klinische Merkmale wie Medikamentenmissbrauch, Suizidtendenz, Typ-A-Verhalten, familiäre Anpassung, Arbeitsverhalten und Zugänglichkeit für Psychotherapien.

Weitere Informationen über die Anwendung des Reiss-Profils in Zusammenhang mit anderen psychodiagnostischen Verfahren finden sich im ›Handbuch Reiss-Profil‹ von Helmut Fuchs und Andreas Huber (EATD 2002). Einen allgemeinen Überblick vermittelt das ›Handbuch wirtschaftspsychologischer Testverfahren‹ von Werner Sarges und Heinrich Wottawa (Lengerich: Papst 2001).

[34] Das wohl wichtigste Gleichnis aus der Ideengeschichte zum Thema hat Lessing im ›Nathan‹ formuliert. Wir möchten die »Ringparabel« an dieser Stelle aus gegebenem zeitgeschichtlichen Anlass zitieren, aber auch, weil sie die Quintessenz der neuen Lehre von den 16 Lebensmotiven in toleranter Absicht wiedergibt: »Nicht die Kinder bloß, speist man mit Märchen ab«, erkennt der weise Nathan, als ihm die Ringmetapher in den Sinn kommt als Antwort auf die unlösbare Frage, welcher der drei großen Religionen nun die Wahre und Einzige sei.

NATHAN:
Vor grauen Jahren lebt' ein Mann in Osten,
Der einen Ring von unschätzbarem Wert
Aus lieber Hand besaß. Der Stein war ein
Opal, der hundert schöne Farben spielte,
Und hatte die geheime Kraft, vor Gott
Und den Menschen angenehm zu machen, wer
In dieser Zuversicht ihn trug. Was Wunder,
Dass ihn der Mann in Osten darum nie
Vom Finger ließ; und die Verfügung traf,
Auf ewig ihn bei seinem Hause zu
Erhalten? Nämlich so. Er ließ den Ring
Von seinen Söhnen dem geliebtesten;
Und setzte fest, dass dieser wiederum
Den Ring von seinen Söhnen dem vermache,
Der ihm der liebste sei; und stets der liebste,
Ohn Ansehn der Geburt, in Kraft allein
Des Rings, das Haupt, der Fürst des Hauses werde. –
...
So kam nun dieser Ring, von Sohn zu Sohn,
Auf einen Vater endlich von drei Söhnen;
Die alle drei ihm gleich gehorsam waren,
Die alle drei er folglich gleich zu lieben
Sich nicht entbrechen konnte. Nur von Zeit
Zu Zeit schien ihm bald der, bald dieser, bald
Der Dritte, – sowie jeder sich mit ihm
Allein befand, und sein ergießend Herz
Die anderen zwei nicht teilten, – würdiger
Des Ringes; den er denn auch einem jeden
Die fromme Schwachheit hatte, zu versprechen.
Das ging nun so, solang es ging. – Allein
Es kam zum Sterben, und der gute Vater
Kömmt in Verlegenheit. Es schmerzt ihn, zwei
Von seinen Söhnen, die sich auf sein Wort
Verlassen, so zu kränken. – Was zu tun? –
Er sendet in geheim zu einem Künstler,
Bei dem er, nach dem Muster seines Ringes,
Zwei andere bestellt, und weder Kosten
Noch Mühe sparen heißt, sie jenem gleich,
Vollkommen gleich zu machen. Das gelingt
Dem Künstler. Da er ihm die Ringe bringt,
Kann selbst der Vater seinen Musterring
Nicht unterscheiden. Froh und freudig ruft

Er seine Söhne, jeden insbesondre;
Gibt jedem insbesondre seinen Segen, –
Und seinen Ring –, und stirbt.
Ich bin zu Ende.
Denn was noch folgt, versteht sich ja von selbst. –
Kaum war der Vater tot, so kömmt ein jeder
Mit seinem Ring, und jeder will der Fürst
Des Hauses sein. Man untersucht, man zankt,
Man klagt. Umsonst; der rechte Ring war nicht
erweislich; – *(nach einer Pause, in welcher er
des Sultans Antwort erwartet)*
Fast so unerweislich, als
uns itzt – der rechte Glaube.

Literatur

ADLER, ALFRED: *Über den nervösen Charakter. Gründzüge einer vergleichenden Individual-Psychologie und Psychotherapie.* Frankfurt: Fischer 1972.
– *Menschenkenntnis.* Frankfurt: Fischer 1996.
HECKHAUSEN, HEINZ: *Motivation und Handeln.* Berlin: Springer 1989.
HILLMAN, JAMES: *Der Charakter: Wie wir werden, was wir sind.* In: Psychologie Heute, 10/2000, S. 20–27.
HUGO-BECKER, ANNEGRET, HENNING BECKER: *Motivation. Neue Wege zum Erfolg.* München: dtv/Beck 1997.
KEHR, HUGO: *Volition und Motivation: Zwischen impliziten Motiven und expliziten Zielen.* In: Personalführung, 4/2001, S. 20–28.
MASLOW, ABRAHAM: *Motivation und Persönlichkeit.* Reinbek: Rowohlt 1981.
PLATON: *Symposion.* In: Platon – die großen Dialoge. München: dtv 1991.
REISS, STEVEN: *Comments on the Reiss screen for maladaptive behaviour and its factor structure.* In: Journal of Intellectual Disability Research, 41/1997, S. 346–354.
– *Trait anxiety: It's not what you think it is.* In: Journal of Anxiety Disorders, 11(2)/1997, S. 201–214.
– *Why people turn to religion: A motivational analysis.* In: Journal for the Scientific Study of Religion, 39(1)/2000, S. 47–52.
– *Human individuality, happiness, and flow.* In: American Psychologist, 55(10)/2000, S. 1161f.
– *Secrets of happiness.* In: Psychology Today, 1/2001, S. 50–56.
– *Who's watching reality TV?* In: Psychology Today, 5/2001, S. 52–54.
– *Sensitivity theory and mental retardation: Why functional analysis is not enough.* In: American Journal of Mental Retardation, 101(6)/1997, S. 553–566.
– *The Reiss screen for maladaptive behavior:* Confirmatory factor analysis. In: Behavior Research and Therapy, 35(10)/1997, S. 967–971.
– *Toward a comprehensive assessment of fundamental motivation:* Factor structure of the Reiss profiles. In: Psychological Assessment, 10(2)/1998, S. 97–106.
– *Sensitivity, functional analysis, and behavior genetics:* A response to Freeman et al. In: American Journal of Mental Retardation, 104(3)/1999, S. 289–293.
–, SUSAN HAVERCAMP: *The sensitivity theory of motivation: Implications for psychopathology.* In: Behavior Research and Therapy, 34(8)/1996, S. 621–632.
RHEINBERG, FALKO: *Motivation.* Stuttgart: Kohlhammer 2000.
RUSSELL, BERTRAND: *Eroberung des Glücks. Neue Wege zu einer besseren Lebensgestaltung.* Frankfurt: Suhrkamp 1998.
SARGES, WERNER, HEINRICH WOTTAWA: *Handbuch wirtschaftspsycholo-*

gischer Testverfahren. Lengerich: Papst 2001.

SCHMID, WILHELM: *Philosophie der Lebenskunst. Eine Grundlegung.* Frankfurt: Suhrkamp 1999.

– *Das schöne Leben.* In: TAZ, 26./27. 8. 2000.

– *Kann ich das Glück wählen? Die verschiedenen Arten des Glücks und die Kunst, dem Leben Sinn zu geben.* Vortrag Evangelische Akademie Tutzing, 28. 5. 1999.

SCHMIDBAUER, WOLFGANG: *Jetzt haben, später zahlen. Die seelischen Folgen der Konsumgesellschaft.* Reinbek: Rowohlt 2000.

SCHREDL, MICHAEL: *Hör auf deine Träume.* Romberg 1996.

– *Die nächtliche Traumwelt. Einführung in die psychologische Traumforschung.* Stuttgart: Kohlhammer 1999.

SCHULZE, GERHARD: *Kulissen des Glücks. Streifzüge durch die Eventkultur.* Frankfurt und New York: Midena 1999.

SEIFERT, ANGELA: *Jetzt pack ich's an. Wie Sie Ihr Lebens-Skript entdecken, umschreiben und glücklich werden.* München: dtv 2002.

SPRENGER, REINHARDT: *Mythos Motivation. Wege aus einer Sackgasse.* Frankfurt: Campus 1999.

TITZE, MICHAEL: *Lebensziel und Lebensstil.* München: Pfeiffer 1979.

WEINER, BERNARD: *Motivationspsychologie.* Weinheim: PsychologieVerlagsUnion 1994.

Laura Day

P.I.
Praktische Intuition

Der Sechste Sinn in Liebe, Partnerschaft und Beruf
Mit einer Einleitung von Demi Moore
Aus dem Englischen von Birgit Woldt
<u>dtv</u> 36207

Emotionale Intelligenz durch Praktische Intuition

Intuition, Sechster Sinn, Eingebung – jeder nutzt diese Fähigkeiten, bewußt oder unbewußt, Tag für Tag. Unser ganzes Verhalten – ob im Privat- oder Berufsleben – ist mehr, als wir glauben, von unserer Intuition bestimmt. Sie spielt bei jeder Entscheidung eine große Rolle, etwa wie man sich für ein wichtiges Meeting anzieht oder wie man ein Geschäft abwickelt.

Seit vielen Jahren gibt Laura Day Seminare u. a. für Geschäftsleute, Ärzte und Rechtsanwälte. Sie zeigt, wie man seine intuitiven Fähigkeiten entdeckt und wie man sie bewußt einsetzt. Durch viele praktische, meist verblüffende Übungen lernt man, auf seine Eingebungen zu achten.

**»Laura Days Erkenntnisse sind so brillant
wie praktisch.«**
Deepak Chopra

**»Die Intuition ist nichts Mystisches ...
Intuition ist Logik.«**
*James D. Watson,
Nobelpreisträger und Mitentdecker der DNS*